나는 이 세상에 없는 계절이다

문학과지성사에서 펴낸 김경주의 시집

기담(2008)
고래와 수증기(2014)

문학과지성 시인선 R 04
나는 이 세상에 없는 계절이다

초판 1쇄 발행 2012년 11월 30일
초판 15쇄 발행 2025년 6월 27일

지 은 이 김경주
펴 낸 이 이광호
펴 낸 곳 ㈜문학과지성사

등록번호 제1993-000098호
주   소 04034 서울 마포구 잔다리로7길 18(서교동 377-20)
전   화 02)338-7224
팩   스 02)323-4180(편집) 02)338-7221(영업)
전자우편 moonji@moonji.com
홈페이지 www.moonji.com

ⓒ 김경주, 2012. Printed in Seoul, Korea

ISBN 978-89-320-2365-6 03810

이 책의 판권은 지은이와 ㈜문학과지성사에 있습니다.
양측의 서면 동의 없는 무단 전재 및 복제를 금합니다.

문학과지성 시인선 R 04

나는 이 세상에 없는 계절이다

김경주

2012

시인의 말

여기는 지도에는 표시되지 않는 밤이라고 쓰고 거기는 지도를 만드는 사람들의 어두운 골방이라고 믿는다. 지난 몇 년 동안 나는 비정하고도 성스러운 이 세계 앞에서 경악했고 그 야설(夜雪)을 받아내느라 몸은 다 추웠다. 어두운 화장실에 앉아 항문으로 흘러나온 피를 닦으며 나는 자주 울었다. 나는 그것을 간직했다.

고백하건대 시는 내게 현기증 같은 것이었다. 현기증은 내 몸으로 찾아온 낯선 몸의 시간 같은 것이었다. 나는 그 사이를 오가며 서러워서 길바닥에 자주 넘어졌다. 그사이 광장으로 쏟아져 나온 무수한 책들은 자살하지 않고 살아남았고 나는 여러 번 아버지가 되지 못했으며 눈이 외롭던, 기르던 강아지는 병으로 두 눈을 잃었다. 한 놈은 직접 내 손으로 버리기도 했다.

아들이 시인이 되었다는 소식을 듣고서 수술 전 자궁의 3분의 1만이라도 남겨달라며 의사를 붙잡고 울던 어머니가 생각난다. 비근한 삶에 그래도 무겁다고 해야 할, 첫 시집을 이제 잠든 당신의 머리맡에 조용히 놓을 수 있을 것 같다. 초대받은 적도 없고 초대할 생각도 없는 나의 창(窓). 사람들아, 이것은 기형(畸形)에 관한 얘기다.

2006년 여름

헌책방에서 우연히 첫 시집을 발견한 적이 있다.
가격표 아래 2천 원이라고 적혀 있었다.
누가 볼까 봐 가방에 넣었다.
그날 나는 자신의 시집을 훔친 시인이 되었다.
처음으로 자신의 시집을 훔쳐본 경험은
시를 쓰는 동안
머쓱한 궁리를 물리치는 힘이 되고 있다.
나쁜 기분은 아니었다.
그사이 첫 시집은 절판되었고
더 이상 어디에서도 첫 시집을 구할 수 없었다.
내가 몰래 훔쳐온 그 시집 한 권만이 남아 있었다.
복간이 된 첫 시집을 받아보며
나는 이 시집을 또 어디선가 훔칠 것인가 상상해본다.
그대가 제때 버려주었으니
내가 지금껏 구석을 모른다고는 할 수 없으나
슬하에 구석이 이만큼 다정도 하다
데리러 갈게……라고 말하고 싶어진다

2012년 가을
김경주

나는 이 세상에 없는 계절이다

차례

시인의 말

**1부 음악은 자신이 품은 열이 말라가면
스스로 물러간다**

외계(外界) 13
내 워크맨 속 갠지스 14
저녁의 염전 16
파이돈 19
아우라지 22
봄밤 24
드라이아이스 26
기미(機微) 28
木蓮 30
못은 밤에 조금씩 깊어진다 32
아버지의 귀두 34
음악은 우리가 생을 미행하는 데 꼭 필요한 거예요 36
봉인된 선험 40
바람의 연대기는 누가 다 기록하나 42
백야(白夜) 45
누군가 창문을 조용히 두드리다 간 밤 46
늑대는 눈알부터 자란다 48

2부   오래된 종(鍾)에서만 조용히
         흘러나온다는 물

어머니는 아직도 꽃무늬 팬티를 입는다   53
오르페우스에게서 온 한 통의 엽서   54
구름의 조도(照度)   56
어느 유년에 불었던 휘파람을 지금
창가에 와서 부는 바람으로 다시 보는 일   58
눈 내리는 내재율   60
나는 문득 어머니의 없었던
연애 같은 것이 서러워지기 시작했네   62
먼 생   64
정신현상학에 부쳐
휠덜린이 헤겔에게 보내는 마지막 편지   66
없는 내 아이가 가위로 햇빛을 자르고 있다   70
폭설, 민박, 편지 1   72
고등어 울음소리를 듣다   74
부재중(不在中)   76
설탕공장 소녀들의 문자 메시지가
출렁출렁 건너가는 밤   78
저녁의 요의(尿意)   80
간을 먹는 밤   82
생가   84
우물론(論)   86
맨홀   89

3부 죽은 새가 땅에 내려와 눕지 못하고 하늘을 맴돌고 있다

고양이가 정육점 유리창을 핥고 있는 밤 93
몽상가 94
우주로 날아가는 방 1 98
우주로 날아가는 방 2 100
우주로 날아가는 방 3 102
우주로 날아가는 방 4 104
우주로 날아가는 방 5 107
인형증후군 전말기 110
테레민을 위한 하나의 시놉시스
(실체와 속성의 관점으로) 114
타르코프스키를 추억함 125
취한 말들을 위한 시간 126
내 친구의 집은 어디인가 129
울 밑에 선 봉선화야 130
재가 된 절 132
피아노가 된 나무 134
비가 오자 우리는 랭보를 안고
낡은 욕조가 있는 여관으로 들어갔다 136

4부 무간(無間)

당신의 잠든 눈을 만져본 적이 있다 143
비정성시(非情聖市) 146
그러나 어느 날 우연히 166

해설│불가능한 감수성 · 이광호 168
기획의 말 187

1부
음악은 자신이 품은 열이 말라가면 스스로 물러간다

외계(外界)

양팔이 없이 태어난 그는 바람만을 그리는 화가(畫家)였다
입에 붓을 물고 아무도 모르는 바람들을
그는 종이에 그려 넣었다
사람들은 그가 그린 그림의 형체를 알아볼 수 없었다
그러나 그의 붓은 아이의 부드러운 숨소리를 내며
아주 먼 곳까지 흘러갔다 오곤 했다
그림이 되지 않으면
절벽으로 기어올라가 그는 몇 달씩 입을 벌렸다
누구도 발견하지 못한 색(色) 하나를 찾기 위해
눈 속 깊은 곳으로 어두운 화산을 내려보내곤 하였다
그는, 자궁 안에 두고 온
자신의 두 손을 그리고 있었던 것이다

내 워크맨 속 갠지스

외로운 날엔 살을 만진다

내 몸의 내륙을 다 돌아다녀본 음악이 피부 속에 아직 살고 있는지 궁금한 것이다

열두 살이 되는 밤부터 라디오 속에 푸른 모닥불을 피운다 아주 사소한 바람에도 음악들은 꺼질 듯 꺼질 듯 흔들리지만 눅눅한 불빛을 흘리고 있는 낮은 스탠드 아래서 나는 지금 지구의 반대편으로 날아가고 있는 메아리 하나를 생각한다
나의 가장 반대편에서 날아오고 있는 영혼이라는 엽서 한 장을 기다린다

오늘 밤 불가능한 감수성에 대해서 말한 어느 예술가의 말을 떠올리며 스무 마리의 담배를 사 오는 골목에서 나는 이 골목을 서성거리곤 했을 붓다의 찬 눈을 생각했는지 모른다 고향을 기억해낼 수 없어 벽에 기대 떨곤 했을, 붓다의 속눈썹 하나가 어딘가에 떨어져 있을 것 같다는 생각만으로 나는 겨우 음악이 된다

나는 붓다의 수행 중 방랑을 가장 사랑했다 방랑이란 그런 것이다 쭈그려 앉아서 한생을 떠는 것 사랑으로 가슴으로 무너지는 날에도 나는 깨어서 골방 속에 떨곤 했다 이런 생각을 할 때 내 두 눈은 강물 냄새가 난다

워크맨은 귓속에 몇천 년의 갠지스를 감고 돌리고 창틈으로 죽은 자들이 강물 속에서 꾸고 있는 꿈 냄새가 올라온다 혹은 그들이 살아서 미처 꾸지 못한 꿈 냄새가 도시의 창문마다 흘러내리고 있다 그런데 여관의 말뚝에 매인 산양은 왜 밤새 우는 것일까

외로움이라는 인간의 표정 하나를 배우기 위해 산양은 그토록 많은 별자리를 기억하고 있는지 모른다 바바 게스트하우스 창턱에 걸터앉은 젊은 붓다가 비린 손가락을 물고 검은 물 안을 내려다보는 밤, 내 몸의 이역(異域)들은 울음들이었다고 쓰고 싶어지는 생이 있다 눈물은 눈 속에서 가늘게 떨고 있는 한 점 열이었다

저녁의 염전

죽은 사람을 물가로 질질 끌고 가듯이

염전의 어둠은 온다

섬의 그늘들이 바람에 실려 온다

물 안에 스며 있는 물고기들

흰 눈이 수면에 번지고 있다

폐선의 유리창으로 비치는 물속의 어둠

선실 바닥엔 어린 갈매기들이 웅크렸던 얼룩,

비늘들을 벗고 있는 물의 저녁이 있다

멀리 상갓집 밤불에 구름의 쇄골이 비친다

밀물이 번지는 염전을 보러 오는 눈들은

저녁에 하얗게 증발한다

다친 말에 돌을 놓아

물속에 가라앉히고 온 사람처럼

여기서 화폭이 펴지고 저 바람이 그려졌으리라

희디흰 물소리, 죽은 자들의 언어 같은,

빛도 닿지 않는 바닷속을 그 소리의 영혼이라 부르면 안 되나

노을이 물을 건너가는 것이 아니라 노을 속으로 물이 건너가는 것이다

몇천 년을 물속으로 울렁이던 쓴 빛들을 본다

물의 내장들을 본다

파이돈
── 가늘어진다는 것에 대해서

 이름 없는 바닷속 동굴의 벽에 붙어 사는 미물(微物)들은 아무도 모르게 눈이 조금씩 퇴화해간다는데 그곳엔 정말 눈 없는 물고기*가 살고 있을지 모른다 대신 눈이나 날개 기관 따위는 다 소실돼버리고 팔다리만 조금씩 가늘게 길어진다는데 가늘어진다는 말의 소요들. 이것은 5~6억 년 전부터 살아남은 캄브리아기 생물들의 절대음감에 관한 얘기다 젖을 먹고 자란 새들이 날개를 펼쳐놓고 고공에서 알 수 없는 바닷속을 내려다보고 있다 새**들의 눈은 그런 해저의 동굴 안을 바라보고 있는 것은 아닐까 몇백만 킬로미터의 바람을 날아와 새들은 물 안의 시간들만 바라보고 있다 새들은 아무도 모르게 말라간다 사람들은 아무도 새들이 마르는 것에 참여할 수 없다 바람에 가까워지기 위해 어미로부터 눈을 버렸고 너희들이 날개라고 부르는 것들이 내게는 점점 가늘어지는 일일 뿐이어서 마르고 있다는 건 점점 세계 밖으로 희미해지는 일이란다 아무도 모르게 바닷속 이름 없는 동굴의 벽에 거꾸로 매달려 있다가 다시 우리가 모르는 이국(異國)으로 돌아가는 것이다 가령, 심해에서 긴 혀를 꺼내 바닥을 핥고 있던 물고기들이 그물에 건져올려질 때 눈을 뜨지 못하고 내는 가는 신음 같은 건 사라진 새들을 부르고 있는 것이 아닐까 눈이 없는 물고기들을 어부들이 다시 심해로 돌려보내준다 처음 그물질을 배울 때 그들은 물고기들이 바닷속에 사는 음악인들이라는 것을 익혔다 해저에서 백 년에 한 번쯤 눈을 치켜뜨고 물을 떠나 날아가는 새를 바라보는 물고기나 물 밖에서 백 년은 새의 눈을 따라 항해하는 어부들은 고요의 바닥에서 눈을 감는 일이 적요로운 것임을 안다 그들의 몸이 점점 가늘어지는 것은 자신의 눈들이 조금씩 인성(人性)의 밖으로 퇴화하고 있다는 것을 알기 때문이다 나에겐 돌에게 잠시 번진 물고기의 무릎도 없고 물고기의 보일 듯 말 듯한 슬픈 귀들도 없지만 조금씩 가늘어지는 몸이 있으니 아무도 모르게 말라가는 것이 점점 너에게 가까워지는 것인지 모르겠다 몇 달가량 집을 비우고 돌아와 보니 욕조에 말 한 마리가 배를 깔고 앉아 있다 그 말은 또 다리를 어디다 둔 것일까 이것은 기형(畸形)에 관한 또 다른 얘기다

* 곤(鯤): 북명(北冥)에 물고기가 있으니, 그 이름은 곤이라. 곤의 크기는 몇천 리나 되는지 알 수가 없다. 이것이 새로 변하게 되면, 그 이름은 붕이라 하니, 붕의 등은 몇천 리나 되는지 알 수가 없다. 붕이 솟구쳐 날아오르면, 그 날개는 하늘에 드리운 구름과도 같다. 폭풍이 일면, 이 새는 남명(南冥)으로 날아가버리니, 남명이란 바다이면서 하늘의 연못을 이른다. 『설문(說文)』에서는 곤이 물고기의 이름으로 되어 있지만, 『서경(書經)』『사기(史記)』『습유기(拾遺記)』에는 중원(中原)의 신화에 흡수되어 우왕(禹王)의 전설을 돋보이게 하기 위하여 악인(惡人)이 된 것으로 추측된다.
** 붕(鵬): 『장자(莊子)』에 등장하는, 북쪽 바다에 사는 상상의 물고기 '곤'이 변해서 된 새다. 곤은 크기가 몇천 리나 된다고 하는데, 붕새 또한 등의 길이가 몇천 리나 되는지 알 수 없을 정도로 크다고 한다. 한 번에 9만 리를 날아오르는데 날개는 구름처럼 하늘을 뒤덮는다. 이 새는 살고 있는 북쪽 바다를 벗어나 끊임없이 남쪽 바다로 날아가려 한다. 두 날개로 수면을 후려치면 물보라가 3천 리에 이르고, 바람을 타고 9만 리를 올라가서, 일단 날기 시작하면 반년이 지나서야 쉰다고 한다.

아우라지

벼루 위에서 마른 먹처럼 강(江)은 얼어 있습니다

바람에 어두운 물소리가 실려 옵니다 바람 속으로 물속의 어둠이 번지는 시간인 것입니다 그런 저녁을 가만히 견뎌야 한다면 무덤을 빠져나온 사람들은 강 속에 죽은 두 손을 담그고 앉아 있겠습니다

인간의 영혼에 다가가기 위하여 밤이면 빛은 얼마나 먼 행성에서 날아오고 있는 것인가요 그런 밤이면 가지에 거꾸로 매달려 잠든 새들은 검은 이를 갈고
오랜 비행을 마친 인간은 깨어나 조용히 기체(機體)를 떨고 있겠습니다

무명(無名)의 별에서 빛 한 채가 날아옵니다 그 빛의 세월이 내 눈까지 날아오는 데 걸리는 음악의 생은 또한 얼마나 고독해야 하는가요 외로운 사람은 눈을 감고 걷고, 눈이 외로운 사람은 강심(江心)에 그 눈의 음(音)을 숨겨야 하는 밤입니다

멀리 산중의 나무에 붙은 백색의 얼음들이 왜성처럼 천천히 빛을 뿜습니다 그러나 오래전 불빛에 등을 돌려버린 짐승들은 바람이 얼어붙은 눈으로 내 이쪽에서 저쪽까지 울어대고 지금 나에게 참여하는 영혼은 물밑의 어두운 돌들을 나르는 강물, 당신의 눈을 나르던 밤입니다

　물이 그늘을 밖으로 천천히 밀어내는 소리입니다 그 바람을 열면 누군가 무덤을 나와 묽은 얼굴을 하고 지나간 흔적이 있습니다

봄밤

면봉은 한 봉지에 백 개

부어오른 목 안으로 늙은 의사는
누런 불빛을 갖다 대었다

그렇지
새들은 한 마리가 죽으면
떨고만 있지

있지
오리 기구를 타고 혼자 떠 있는 저수지

저녁은 오래된 약통 속의
먼지를 바라보네
약봉지에 적힌 누런 이름과 나이 들
내 이름도 있고 당신 이름도 있네

시계를 벗으면

손목의 흰 테두리처럼

후두둑 불려가는 것들로 봄비 번진다

밤새,
남은 새
몸에서 밀려오는 요의(尿意)

드라이아이스
—사실 나는 귀신이다 산목숨으로서 이렇게 외로울 수는 없는 법이다*

문득 어머니의 필체가 기억나지 않을 때가 있다
그리고 나는 고향과 나 사이의 시간이
위독함을 12월의 창문으로부터 느낀다
낭만은 그런 것이다
이번 생은 내내 불편할 것

골목 끝 슈퍼마켓 냉장고에 고개를 넣고
냉동식품을 뒤적거리다가 문득
만져버린 드라이아이스 한 조각,
결빙의 시간들이 피부에 타 붙는다
저렇게 차게 살다가 뜨거운 먼지로 사라지는
삶이라는 것이 끝내 부정하고 싶은 것은 무엇이었을까
손끝에 닿는 그 짧은 순간에
내 적막한 열망보다 순도 높은 저 시간이
내 몸에 뿌리내렸던 시간들을 살아버렸기 때문일까
온몸의 열을 다 빼앗긴 것처럼 진저리친다
내 안의 야경(夜景)을 다 보여줘버린 듯

수은의 눈빛으로 골목에서 나는 잠시 빛난다
나는 내가 살지 못했던 시간 속에서 순교할 것이다
달 사이로 진흙 같은 바람이 지나가고
천천히 오늘도 하늘에 오르지 못한 공기들이
동상을 입은 채 집집마다 흘러들어 가고 있다
귀신처럼

* 고대 시인 침연의 시 중 한 구절.

기미(幾微)
— 리안에게

황혼에 대한 안목(眼目)은 내 눈의 무늬로 이야기하겠다 당신이 가진 사이와 당신을 가진 사이의 무늬라고 이야기하겠다

죽은 나무 속에 사는 방(房)과 죽은 새 속에 사는 골목 사이에 바람의 인연이 있다 내가 당신을 만나 놓친 고요라고 하겠다 거리를 저녁의 냄새로 물들이는 바람과 사람을 시간의 기면으로 물들이는 서러움 여기서 바람은 고아(孤兒)라는 말을 쓰겠다

내가 버린 자전거들과 내가 잃어버린 자전거들 사이에 우리를 태운 내부가 잘 다스려지고 있다 귀가 없는 새들이 눈처럼 떨어지고 바닷속에 내리는 흰 눈들이 물빛을 버린다 그런 날 눈을 꾹 참고 사랑을 집에 데려간 적이 있다고 하겠다

구름이 붉은 위(胃)를 산문(山門)에 걸쳐놓는다 어떤 쓸쓸한 자전 위에 누워 지구와의 인연을 생각한다고 하겠다 눈의 음정으로 고통스러워하는 별의 무렵이라고 하겠다

내리는 눈 속의 물소리가 어둡다 겨울은 눈〔目〕안의 물결이 더 어두워지는 무렵이어서 오늘도 당신이 서서 잠든 고요는 제 깊은 불구로 돌아가고 싶겠다 돌의 비늘들과 돌 속의 그늘이 만나서 캄캄하게 젖는 사이라고 하겠다

木蓮

마루에 누워 자고 일어난다
12년 동안 자취(自取)했다

삶이 영혼의 청중들이라고
생각한 이후
단 한 번만 사랑하고자 했으나
이 세상에 그늘로 자취하다가 간 나무와
인연을 맺는 일 또한 습하다
문득 목련은 그때 핀다

저 목련의 발가락들이 내 연인들을 기웃거렸다
이사 때마다 기차의 화물칸에 실어 온 자전거처럼
나는 그 바람에 다시 접근한다
얼마나 많은 거미들이
나무의 성대에서 입을 벌리고 말라가고서야
꽃은 넘어오는 것인가
화상은 외상이 아니라 내상이다
문득 목련은 그때 보인다

이빨을 빨갛게 적시던 사랑이여
목련의 그늘이 너무 뜨거워서 우는가

나무에 목을 걸고 죽은 꽃을 본다
인질을 놓아주듯이 목련은
꽃잎의 목을 또 조용히 놓아준다
그늘이 비리다

못은 밤에 조금씩 깊어진다

어쩌면 벽에 박혀 있는 저 못은
아무도 모르게 조금씩 깊어지는지 모른다

이쪽에서 보면 못은
그냥 벽에 박혀 있는 것이지만
벽 뒤 어둠의 한가운데에서 보면
내가 몇 세기가 지나도
만질 수 없는 시간 속에서 못은
허공에 조용히 떠 있는 것이리라

바람이 벽에 스미면 못도 나무의 내연(內緣)을 간직한
빈 가지처럼 허공의 희미함을 흔들고 있는 것인가

내가 그것을 알아본 건
주머니 가득한 못을 내려놓고 간
어느 낡은 여관의 일이다
그리고 그 높은 여관방에서 나는 젖은 몸을 벗어두고

빨간 거미 한 마리가
입 밖으로 스르르 기어 나올 때까지
몸이 휘었다

못은 밤에 몰래 휜다는 것을 안다

사람은 울면서 비로소
자기가 기르는 짐승의 주인이 되는 것이다

아버지의 귀두

　아무도 없는 놀이공원의 아침, 아버지가 혼자 공중에서 빙빙 도는 놀이기구를 타면서 손을 흔든다
　아들아 인생이 왜 이러니……*

어느 날 아버지의 귀두가 내 것보다 작아졌다.

　나는 더 이상 아버지와 장난감 트럭을 들고 목욕탕에 가지 않고
　나는 더 이상 아버지의 악어 벨트를 허리에 차고 밖에 나갈 수 없고
　나는 더 이상 아버지의 속주머니를 뒤져
　오락실에 갈 수도 없는 나이가 되어버렸다

　아버지는 일주일에 한 번 30년 넘게 혼자 목욕탕에 가시고
　아버지는 일주일에 한 번 복권의 숫자를 고민하며 혼자 씩 웃는다
　아버지는 일주일에 한 번 나와 같은 THIS를 산다

돗자리에 누워서 잠드신 아버지의 팬티 사이로 누름한 불알 두 쪽이 바닥에 흘러나온 것을 본다 자궁이 넓은 나무와 자고 돌아와 나는 누런 잎을 피웠다 잠든 내 옆으로 와 아버지가 귀뚜라미처럼 조용히 누웠다 나는 문득 자다가 일어나 삐져나온 아버지의 귀두가 저렇게 작았나 하는 생각에 움찔했다 귀두라는 것이 노려볼수록 자꾸 작아지는 것인가 귀두란 그런 게 아니지 손가락으로 살짝 건드리기만 해도 민항기의 대가리처럼 푸르르 가열될 텐데 아버지와 나는 귀두가 닮은 나무, 한쪽으로만 일어서고 한쪽으로만 쓰러져서 잠드는, 축 늘어진 아버지의 THIS를 잡고 웃는다 씨벌 아비야 우리는 슬픈 귀두인 게지 죽은 귀두를 건드리면 뭐하니? 그런 생각 끝에 나는 튼튼 우유를 하나 사 가지고 와 잠드신 아버지 옆에 살짝 놓아드렸다

　양쪽으로 여십시오／ or 반대편으로 여십시오／

　＊ 인디밴드 아마츄어증폭기의 노래 가사를 변용.

음악은 우리가 생을 미행하는 데 꼭 필요한 거예요

 일찍이 음악으로 스며든 바람은 살아남지 못했다 음악은 유적지를 남기지 않지만 어느 먼 나라에서는 음악이 방금 다녀간 나라들을 허공이라 부른다

 아흔아홉번째 레퀴엠, 태어나자마자 음악은 스스로 자신의 풍경을 조금씩 지우기 시작한다. 시간과의 친교로 음악은 인간의 세계에 가서 망명*을 보내다 죽는다 일찍이 소년들은 사슬을 끌고 걸어가 구석에서 독한 술을 마시기도 했지만 그것은 어디까지나 어떤 음악 속으로 시간을 유배해버린 자신의 열렬한 회의** 때문이다

 얼음의 산으로 들어가 저격수들이 배우는 첫번째 기술은 호흡이다 자신을 완전히 적신다는 호흡, 그것은 몇백 분의 일로 방아쇠를 분할해 당기면서 돌연 호흡을 멈추는 것을 의미한다 저격수들이 자신의 몸 안으로 완전히 분할해버리는 호흡에 대해서 상대는 참여할 수 없다 상대의 음역에 무방비로 놓여버린다는 점에서 그것은 일방적이고 사랑에 가까운 자기혐오를 유발하기도 한다 가끔 저격수의 그 호흡들이 음악 같다고 생각한다면 그것은 이쪽의 보이지 않는 호흡이 저쪽을 정확히

겨냥하여 날아가는 것을 보고 있다는 것이다 생의 마지막 리듬인 자신의 맥박***을 들으며 천천히 저격수의 음악을 받아들이며 상대는 꿈을 꾸는 듯한 표정으로 허물어진다 음악이 방금 다녀간 텅 빈 공연장처럼 현장은 늘 결연하며 단순하다 연주를 막 끝낸 지휘자의 침묵이 거대한 울음을 상기하듯.

그 사람이 아직 소녀였을 때 그는 현기증 때문에 늘 첫 서리를 피했다 가장 추운 곳에 닿아 우는 새처럼**** 음악은 소녀의 우울에 더 이상 주석을 달지 않았다 모든 흉상들이 두려웠던 시절***** 소녀는 몇 년 동안 집에 살았지만 몇 년 동안 집을 비웠다고 기록했다 그것이 그 소녀의 음악이라고 청년이 되고 나서 얼굴이 틀어진 소녀들을 자신의 구멍으로 불러놓고 그는 한참을 수줍어해야 했다

음악의 우기(雨期)를 맞이하면 얼굴 속을 이리저리 흔들어보는 습관. 죽을병에 걸린 사람의 다리를 가만히 만져보는 일처럼 골목에 버려진 기타에 다가가 대일밴드를 붙여주고 호호 웃는 소녀처럼 음악의 태반을 찢고 나온 도로 위에 그는 벌렁 누워버렸다 '시간이 그를 치고 가리라' 일주일에 한 번 길 건

너 교도소에서 피아노가 울린다 '거긴 교도소의 응급실일 테지' 피아노가 있는 빈집으로 몰래 들어가 피아노를 두드리다 붙잡힌 소년은 교도소에서 청년이 다 되었다 필로시네마 그는 영원히 복귀하지 않는 사병, 휴가를 나와 자신의 관을 짜놓고 부대로 배달시켰다는, 가끔 그 야설(夜說)이 자신을 조금씩 본국으로 송환하고 있다고 그는 생각한다

* 레오시 야나체크(Leoš Janáček, 1854~1928): 오늘날 거의 대중으로부터 격리된 오페라 「죽은 사람의 집에서」 「사라진 자의 일기장」 같은 보헤미아 특유의 곡을 품에 안고 죽었다. 가난한 가정을 돌볼 생각으로 아우구스티누스 수도원의 성가대원으로 들어갔지만 부모의 이른 죽음과 극도의 가난, 배고픔으로 피아노도 배울 수 없게 되어 평생 여러 곳을 **망명**하듯 전전하며 음악을 익힌다. 그러나 잇따른 가족의 죽음, 특히 딸 올가Olga의 죽음 등 인생의 불행이 늘 우수로 남아 끝내는 실종된 아들을 찾으러 갔다가 감기에 걸린 것이 폐렴으로 번져 죽게 된다. 오늘날 그가 남긴 이론서는 너무 난해하여 거의 외면당하고 있지만 그것은 거의 시에 가깝다고 생각한다.
** 아르놀트 쇤베르크(Arnold Schönberg, 1874~1951): 직물을 짜듯이 극단적으로 복잡하게 엉킨 선율은 그의 음악을 처음 듣는 청중에게 낯선 충격을 준다. 화성과 조성의 세계에 **열렬한 회의**를 품고 자유로운 무조 음악을 통해 불협화음의 해방을 노래하는 듯한 그의 세계를 대표하는 작품으로 지로의 초현실주의 시에 곡을 붙인 「달의 피에로」가 있다. 이 곡은 반은 노래하고 반은 말하는 식으로 스스로 슈프레히슈티메(말하는 가락)라고 불렸다.

*** 안톤 베베른(Anton von Webern, 1833~1945): 통행금지 시간이 지난 밤중 담배를 피워 물고 문밖을 나설 때 미군 헌병이 쏜 총탄에 **저격**되어 죽는다. 스스로 von이라는 귀족 칭호를 버리고 은둔의 형식으로 자신의 예술 세계를 만들어갔다. 빈 대학의 철학과에 들어가 음악의 사고와 정신에 대해 연구하여「코랄리스와 콘스탄티누스」라는 논문으로 박사학위까지 받는다. 그의 곡 중에는 고작 19초밖에 안 걸리는 것도 있으며 음 하나하나를 현미경 속의 미시적 세계를 보는 것처럼 하며 충격과 침묵을 교대시켰고 극도로 민감한 음열(音列)이 경과구를 만드는「현악 4중주를 위한 6개의 소품」같은 거룩하고 미려한 음악도 남겼다. 작품의 대부분은 매우 짧은 소곡으로 연주 시간이 1분에도 채 미치지 않는다. 음의 형태에 있어서 하나의 기하학을 꿈꾼 그는 음의 건축술에 있어서 논리성을 초월하여 영원의 세계에 진입하고자 했던 것 같다.

**** 올리비에 메시앙(Olivier Messiaen, 1908~92): 22세 무렵부터 **새의 리듬**에 관한 연구에 몰두하기 시작하여「이국의 새들」같은 작품을 남겼다. 에릭사티, 미요, 플랑크 등 프랑스 허무주의 6인조의 그룹에 반발하여 초기에는 이국주의exoticism의 영향이 강했으나 점차 현대인의 갈등을 신과의 대결로 묘사한 듯한 작품의 세계로 진입하기 시작, 『미Mi를 위한 시(詩)』같은 가곡집을 남긴다. 이해될 수 있는 것과 없는 것, 극단의 저항과 동감, 희박함과 조밀함, 소리와 침묵, 혼란과 명료,로 요약된「그리스도의 승천」이라는 곡으로 박절에 대한 새로운 경지에 도달한 듯하다.

***** 올리비에 메시앙: 2차 대전에 입대하였다가 독일군의 포로가 되어 게르나츠에 수용된다. 이곳에서 전쟁의 비참함과 인간의 죽음을 목격하고, 성서의 요한계시록을 비장한 음의 선율로 그린「세상의 종말을 위한 4중주곡」을 작곡하여 죽음을 무릅쓰고 **수용소** 안에서 (1941년 1월 15일) 초연한다.

봉인된 선험

하나의 돌
물속에서 건져 올린 하나의 돌
돌 하나에 입혀진 무늬는
물의 환상이 다녀간 시간이다
하나의 돌이 물속에서 건져 올려지기 위해선
그보다 더 많은 시간이 필요하기도 하지만

하나의 꽃
꽃은 나무의 환영이다
나무가 그 환영을 보는 것은
꽃이 자신의 환영인 나무를 문득 알아볼 때까지이다
서로의 환영을 바라보며 둘은 예감으로 말라간다

하나의 무늬
하나의 무늬가 물속에서 이루어지기 위해선
얼마나 많은 바람의 수런이 필요한가
바람 하나에 입혀진 무늬가
사람의 눈을 들어 올리고

바람이 들여다보고 간 시간이 물속에선
누런 그늘이 된다
깊이를 알 수 없는 바닥에선
잘린 손가락들이 하얗게 질려가고 있다

그리고 하나의 시간
만삭의 물고기들은 물속에서 어른거리는
환영을 따라 날고 물이 져 나르는
그늘의 부력 안에서
배는 물의 무늬를 닮는다
배의 환영을 알아보고 등대는 문득 입김을 불고
바람의 장례를 치르는 관습은 음악이 되었다
행주가 상을 문지르듯 배가 쓰윽
들어오고 있다
하나의 개념이 최초의 시간에 정박한다

바람의 연대기는 누가 다 기록하나

1

이를테면 빙하는 제 속에 바람을 얼리고 수세기를 도도히 흐른다

극점에 도달한 등반가들이 설산의 눈을 주워 먹으며 할 말을 한다 몇백 년 동안 녹지 않았던 눈들을 우리는 지금 먹고 있는 거야 얼음의 세계에 갇힌 수세기 전 바람을 먹는 것이지 이 바람에 도달하려고 사람들은 수세기 동안 거룩한 인생에 지각을 하겠다고 산을 떠돌았어 그리고 이따금 거기서 메아리를 날렸지

    삶이
        닿지 않는 곳에만
            가서
                메아리는
                    젖는다

메아리는 바람 앞에서 인간이 하는, 인간의 유일한 방식이

아니랄까

  어느 날 겨울을 깨자 속에 있던 바람이 푸른 하늘을 향해 만발한다

  그리고 누군가 내 얼굴을 더듬으며 물었다 우선 노래부터 시작하자고.

     2

  바람은 살아 있는 화석이다 살아 있는 모든 것들이 사라진 뒤에도 스스로 살아남아서 떠돈다 사람들은 자신의 세계 속에서 운다 그러나 살아 있는 모든 것들은 바람의 세계 속에서 울다 간다

    바람이 불자
          새들이
              자신의
                  꿈속으로 날아간다

인간의 눈동자를 가진 새들을 바라보며 자신은 바로 오는 타인의 눈 속을 헤맨다

 그것은 바람의 연대기 앞에서 살다 간 사람들의 희미한 웃음일 수도 있다

 이를테면 바람에게 함부로 반말하지 말라는 농담 정도.

백야(白夜)

  물소리를 듣고 겨울을 예감하는 새들의 장기는 깊다 젖은 새가 지나갔던 바람의 냄새를 맡다가 나는 약간의 체온이 더 필요했다 인간이 해안선(海岸線)을 따라 걸으며 밤의 물들이 말아 올리는 채색이 된다 밤들이 바람을 버리고 우수수 떨어진다 풀 속에 누워 있던 짐승의 눈알 냄새가 번져온다 빛이 벗기고 간 갈대의 뼈들이 차다 구름은 새벽이면 비명보다 투명한 색으로 뜬다 그러나 우수의 사각(四角)에서 신경은 생의 속도로 흐르는 법이 없다 수년이 흐른 뒤에도 저 풀들은 불보다 더 짙은 바람의 수분을 태우며 마음을 유산해버리곤 했을 것이다 그때 가만히 타버린 몇 장의 바람과 그늘들을 주워 올리며 나는 풀에게 흉터를 남기는 것은 바람이 아니라 제 속의 열이라는 것을 알게 되리라 점점 색을 띠며 눈보라 몰려온다 눈의 켜켜마다 바람의 분진(紛塵)들이 매달려 있다 어떤 정신이 저 몸에 불탄 발바닥 하나 올려놓을 수 있을까 새들이 손금처럼 널린 하늘, 무엇을 물은 것인가 나 잠들 곳을 찾지 못해 공중에서 잠든 바람의 늑막까지 차오르는 눈[雪]을 본다 겨울 열매 속의 시원한 물소리를 듣는다 눈[眼] 속의.

누군가 창문을 조용히 두드리다 간 밤

불을 끄고 방 안에 누워 있었다
누군가 창문을 잠시 두드리고 가는 것이었다
이 밤에 불빛이 없는 창문을
두드리게 한 마음은 어떤 것이었을까
이곳에 살았던 사람은 아직 떠난 것이 아닌가
문을 열고 들어오면 문득
내가 아닌 누군가 방에 오래 누워 있다가 간 느낌

이웃이거니 생각하고
가만히 그냥 누워 있었는데
조금 후 창문을 두드리던 소리의 주인은
내가 이름 붙일 수 없는 시간들을 두드리다가
제 소리를 거두고 사라지는 것이었다

이곳이 처음이 아닌 듯한 느낌 또한 쓸쓸한 것이어서
짐을 들이고 정리하면서
바닥에서 발견한 새까만 손톱 발톱 조각들을
한참 만지작거리곤 하였다

언젠가 나도 저런 모습으로 내가 살던 시간 앞에 와서
꿈처럼 서성거리고 있을지도 모른다는 생각
이 방 곳곳에 남아 있는 얼룩이
그를 어룽어룽 그리워하는 것인지도

이 방 창문에서 날린
풍선 하나가 아직도 하늘을 날아다니고 있을 겁니다
어떤 방(房)을 떠나기 전, 언젠가 벽에 써놓고 떠난
자욱한 문장 하나 내 눈의 지하에
붉은 열을 내려보내는 밤,
나도 유령처럼 오래전 나를 서성거리고 있을지도

늑대는 눈알부터 자란다

내 우주에 오면 위험하다
나는 네게 내 빵을 들켰다

기껏해야 생은 자기 피를 어슬렁거리다 가는 것이다

한겨울 얼어붙은 어미의 젖꼭지를 물고 늘어지며
눈동자에 살이 천천히 오르고 있는 늑대
엄마 왜 우리는 자꾸 이생에서 희박해져가요
네가 태어날 때 나는 너를 핥아주었단다
사랑하는 그녀 앞에서 바지를 내리고 싶은걸요
네 음모로 네가 죽을 수도 있는 게 삶이란다
눈이 쏟아지면 앞발을 들어
인간의 방문을 수없이 두드리다가
아버지와 나는 같은 곳에 똥을 누게 되었단다
너와 누이들을 이곳에 물어다 나르는데
우리는 30년 동안 침을 흘렸다 그사이
아버지는 인간 곁에 가기 위해 발이 두 개나 잘려 나갔단다
엄마 내 우주는 끙끙 앓아요

매일 발소리 하나 내지 않고
그녀의 창문을 서성거리는걸요
길 위에 피를 흘리고 다니지 마라
사람들은 네 피를 보고 발소리를 더 죽일 거다
알아요 이제 저는 불빛을 보고 달려들지 않는걸요
자기 이빨 부딪치는 소리에 잠이 깨는 짐승은
너뿐이 아니란다

애야, 네가 다 자라면 나는 네 곁에서 길을 잃고 싶구나

2부
오래된 종(鍾)에서만 조용히 흘러나온다는 물

어머니는 아직도 꽃무늬 팬티를 입는다

고향에 내려와
빨래를 널어 보고서야 알았네.
어머니가 아직도 꽃무늬 팬티를 입는다는
사실을.
눈 내리는 시장 리어카에서
어린 나를 옆에 세워두고
열심히 고르시던 가족의 팬티들,
펑퍼짐한 엉덩이처럼 풀린 하늘로
확성기 소리 쨍쨍하게 날아가네. 그 속에서 하늘하늘
한 팬티 한 장 어머니
볼에 문질러 보네. 안감이 붉어지도록
손끝으로 비벼 보시던 꽃무늬가
어머니를 아직껏 여자로 살게 하는 무늬였음을
오늘은 그 적멸이 내 볼에 어리네.

어머니 몸소 세월로 증명했듯
삶은, 팬티를 다시 입고 시작하는 순간순간이었네.
사람들이 아무리 만지작거려도
팬티들은 싱싱했네.
웬만해선 팬티 속 이 꽃들은 시들지
않았네.
빨랫줄에 하나씩 열리는 팬티들로
뜬 눈송이 몇 점 다가와 물드네.
쪼글쪼글한 꽃 속에서 꽃물이 똑똑
떨어지네.
눈덩이만 한 나프탈렌과 함께
서랍 속에서 일생을 수줍어하곤 했을
어머니의 오래된 팬티 한 장
푸르스름한 살 냄새 속으로
그 드물고 정하다는* 햇볕이 포근히
엉겨 붙나니.

*백석의 시 중에서.

오르페우스에게서 온 한 통의 엽서

　스무 살 공장에서 내가 조립한 수천 개의 전구엔 밤마다 불이 들어오고 있을까 우리가 자주 드나들던 점집은 여관으로 바뀌었더군 산꼭대기 발전소에 몇 년째 혼자 근무하는 형은 도루코 날로 음모를 밀어버렸다고 해 비극에 물들지 않기 위해 닭은 매일 날개를 뺀다는데 아이의 복부를 과도로 찌른 후 자신도 찌르고서 살아남은 여자의 인터뷰는 적요로웠어 이 여관은 횔덜린과 헤겔이 함께 안고 잤던 하숙집 같아 지난번처럼 또 마개를 훔쳐가시면 안 됩니다 너와 이별하고 자주 드나들던 마개 가게가 생각났다 만화가가 되고 싶던 너는 자기 눈에 그림을 그리는 무당이 되었다지 『정신현상학』을 베고 잠들던 네 얼굴이 떠올랐다 그 마녀는 사람에게 쫓겨 강물 속으로 걸어 들어간 것일까? '안녕. 난 수배 중이야 너와의 약속은 지킨 셈이야' 어젯밤엔 빈 열차 속으로 몰래 들어가 죽은 자들과 장기를 두었다 길을 잃으면 나는 겁 많은 짐승만을 기른다고 고백했어 붉은 벽돌을 져 나르면 한 층마다 만 원이 더 붙고 명절에 참기름을 사정없이 포장하면 그녀에게 가요 테이프를 선물할 수도 있어요 이곳은 당신 같은 리버럴리스트가 살기엔 적당하지 않아 그는 나에게 '땅속에 있는 산'을 알려주더군 삶이 우리를 미행하고 있다는 생각 같은 거 다시 하진 않을게. 너의 아버지를 우연히 길에서 만난 날 기억해? 그는 화장지를 먹고 있었고 동전 몇 개를 요구하며 우리에게 네 개의 손을 내밀었지 '나는 너를 업고 있었고 너는 등 뒤에서 두 손으로 나의 눈을 가려주었지' 그날 밤 너는 삽입을 하기 전 눈을 감은 채 널 위해 악보를 그리는 일은 그만해달라고 했지 그러니까 내가 키우던 말들의 생태계는 대개 그런 것이 아니었을까 해 산 자들이 죽은 자들의 세계에서 태어나고 죽은 자들이 산 자들의 세계에서 태어나는 일 따위 밤마다 몰래 자신의 화장을 지우던 플라톤은 자신이 시인이었다는 걸 왜 몰랐을까? 오후엔 집 근처에서 몰래 서성거렸어 꿈에 방에 두고 온 기타줄들이 머리카락처럼 계속 자라고 있었거든 수사관들이 내가 너의 머리를 감겨주고 몸을 씻겨주었던 세숫대야를 들고 낄낄거리더군. 널 찾아가면 누군가는 날 다음 생으로 조준하고 있겠지 내 손을 물어뜯고 싶니? 난 아직까지 너 당신을 몰라 나빴어 약을 먹은 바퀴벌레가 죽기 전 단 한 번 날개를 빼놓고 덜덜 떨고 있어 미안해 아버진 어젯밤 네가 바란 대로 잘 가신 것 같아

구름의 조도(照度)

구멍가게는 매일 밤 마지막으로 양초를 판다
눈먼 안마사가 구석에서 면도날을 고르고 있다
일기예보를 보면서 주인은 유통기한이 지난 통조림을 까먹는다
그렇지만 면도날은 유통기한이 없지요
지나치게 날이 센 알들은 위험한 법입니다

오리들이 죽은 시궁쥐들을 물고 하수구 구멍으로 들어간다
하수구에서 방 안의 날씨들이 눈병처럼 흘러나온다
이 동네를 마지막으로 돌아야겠군

용달차 뒤칸에서 키 작은 여인들이 생선을 뒤적거린다
생선을 좀더 싱싱하게 보이려고 사내는
주머니에서 마지막 남은 전구를 꺼내 갈아주면서 보았다

나무의 그림자가 조금씩 길어지는 것으로 보아
곧 밤이 온다는 것을
목이 없는 마론인형을 안고 있는 아이가

아까부터 멍하게 바라보는 하늘을
자신도 오늘 몇십 번은 올려다본 것에 대해서
그리고 그 하늘에서 푸른 비린내가 흘러내리고 있는 지금,
　저 아이는 이곳을 한 번 떠나면 돌아오지 않을 것이라고 생각한다

　그런데 인형의 얼굴은 어디로 간 것일까?
어쩌면 저 아이가 부엌칼로 웃고 있는
인형의 목을 잘라버렸는지도

사내가 도랑을 향해 담뱃불을 툭 던진다
부엌에 알을 낳은 새들이 조금씩 알을 쪼아 먹는다

구름의 조도(照度)가 짙어지고 있다

어느 유년에 불었던 휘파람을 지금 창가에 와서 부는 바람으로 다시 보는 일

 바람이 구름 속에서 깊게 울린다 비가 오는데, 얼굴이 흘러 있는 자들이 무언가 품에 하나씩 안고 헌책방으로 들어간다 자신의 책을 책장의 빈 곳에 쓸쓸하게 꽂는다 그러곤 아무도 모르게 낡아가는 책을 한 권 들고 펼친다 누군가 남긴 지문들이 문장에 번져 있다 마음이 이곳에서 나귀의 눈처럼 모래 속을 스몄던 것일까 봉인해놓은 듯 마른 꽃잎 한 장, 매개의 근거를 사라진 향기에서 찾고 있다 떨어져 나간 페이지들이 책에 떠올라 보이기 시작한다 비가 오면 책을 펴고 조용히 불어 넣었을 눅눅한 휘파람들이 늪이 돼 있다 작은 벌레들의 안구 같기도 하고 책 속에 앉았다가 녹아내린, 작은 사원들 같기도 한 문자들이 휘파람에 잠겨 있다 나무들을 흔들고 물을 건너다가 휘파람은 이 세상에 없는 길로만 흘러가고 흘러온다 대륙을 건너오는 모래바람 속에도 누군가의 휘파람은 등에처럼 섞인다 나는 어느 유년에 불었던 휘파람을 지금 창가에 와서 부는 바람으로 다시 본다 마을을 바라보는 짐승들의 목젖이 박쥐처럼 젖어 있다 나는 그때 식물이 된 막내를 업고 어떤 저녁 위로 내 휘파람이 진화되어 고원을 넘는 것을 보았다 아버지의 등 뒤에 숨어서 바라보던 밤의 저수지, 인간의 시간으로 잠들고 깨어나던 부뚜막의 한기 같은 것들을 생각하고 있다면 누이야 자전거를 세워두고 나는 너보다 작은 휘파람을 불어보기도 했다 그런 때에 휘파람에선 어떻게 환한 아카시아 냄새가 나는지 쇠 속을 떠난 종소리들은 어떻게 손톱을 밀고 저녁이 되어 다시 돌아오는지 누이야 지금은 네 딸에게 내가 휘파람을 가르치는 사위 쓸쓸한 입술의 냄새를 가진 바람들이 절벽으로 유배된 꽃들을 찾아간다 절벽과 낭떠러지의 차이를 묻는다

눈 내리는 내재율

저물 무렵 내리는 눈은 방마다 조용히 불고 있는 마을의 불빛들을 닮아가는군요
눈들은 한 송이 한 송이 저마다 다른 시간을 가지고 있는 것 같습니다
그리고 지금 저는 그 고요한 시간마다 눈을 맞추고 있는 것이겠지요
사람은 누구나 자신의 눈을 가장 그리워하는 것 같습니다
— 2004년 1월 26일

뚜껑이 열린 채 버려진
밥통 속으로 눈이 내린다
눈들의 운율이
바닥에 쌓이고 있는 것이다
어린 쥐들의 깨진 이빨 조각 같은 것이
늦은 밤 돌아와 으스스 떨며
바닥을 긁던,
숟가락이 지나간 자리 같은 것이
양은의 바닥에 낭자하다

제 안의 격렬한 온도를,
수천 번 더 뒤집을 수 있는
밥통의 연대기가 내게는 없다

어쩌면 송진(松津)처럼 울울울 밖으로
흘러나오던 밥물은
그래서 밥통의 오래된 내재율이 되었는지
품은 열이 말라가면,
음악은 스스로 물러간다는데
새들도 저녁이면 저처럼
자신이 닿을 수 없는 음역으로
열을 내려 보내는 것인지 모른다는 생각

속으로 뜨겁게 뒤집었던 시간을 열어 보이며
몸의 열을 다 비우고 나서야
말라가는 생이 있다
봄날은 방에서 혼자 끓고 있는
밥물의 희미한 쪽이다

나는 문득 어머니의 없었던 연애 같은 것이 서러워지기 시작했네

  화단에 앉아 어머니가 비눗방울을 날리고 있네 아버지는 나의 목마를 타고 나가서 돌아오지 않고 병뚜껑을 가지고 놀던 우리는 배 속에 검은 똥을 담고 잠드네
  라면 스프를 손바닥에 조금씩 부어 먹지 오빠야 나는 나의 외계 속에서 바닥, 나고 싶을 뿐이야 누이들이 밤이 되자 몰래 달력의 흰 뒷면에 눈이 큰 미미들을 그려 넣었네 새들의 발목에 붙은 개미는 드디어 지상을 떠났네 인공위성이 잠들지 못하는 이마들을 지나치며 먼 하늘에서 눈알을 기리릭 굴렸네 중세의 수도원 첨탑의 창문에서 죽은 비눗방울들이 이쪽으로 날아왔네 우리의 겨드랑이에도 촛불들이 조금씩 자라기 시작했네 껍질 벗겨진 쥐들이 모여 앉아 떨고 있는 계단에서 서로의 미래를 바꾸며 노는 아이들 나는 언제쯤 이 모래성을 완성할 수 있을까 목욕탕에 놓고 온 인형이 하천을 헤엄쳐 왔네 집으로 돌아오지 않고 이빨들을 떨면서 떨어진 손가락들을 집어 물에 씻고 있었네 우리 집 공주들은 모두 커가면서 담배를 물고 사진을 찍지 「브란덴부르크 협주곡」이 흘러나오는 피아노 학원 그 옆을 지날 때에 아이들은 뭉크처럼 귀를 막고 뛰었네 지붕 위에서 개구리들이 사라진 목젖을 쿨럭거렸네 어머

니가 긴 머리를 바닥에 풀고 지우개로 방 안으로 들어오는 불빛을 지우기 시작했네 어머니 등을 긁어드릴게요 누가 뭐래도 우리는 어머니의 등을 긁어주며 자랐네 밤마다 어둠은 문짝에 대고 손가락을 부수면서 낄낄거리고 농구(農具)처럼 어두운 바람의 지느러미들이 땅에 끌리는 것을 바라보며 나는 창문을 올리고 무서워 누군가의 발걸음이 들릴 때마다 무수한 불빛의 환상을 흔들어주던 그 밤을 잊지 못하네 수녀복을 입은 어머니가 화단에 앉아 수백 개의 면도날을 날리고 있네 뒤집어진 트럭 속을 드나들며 놀던 나는 죽은 아이들이 돌아가고 나면 혼자서 어머니의 없었던 연애 같은 것을 서러워하기 시작했네

먼 생
—시간은 존재가 신(神)과 갖는 관계인가*

골목 끝 노란색 헌 옷 수거함에
오래 입던 옷이며 이불들을
구겨 넣고 돌아온다
곱게 접거나 개어 넣고 오지 못한 것이
걸린지라 돌아보니
언젠가 간장을 쏟았던 팔 한쪽이
녹은 창문처럼 밖으로 흘러내리고 있다
어둠이 이 골목의 내외(內外)에도 쌓이면
어떤 그림자는 저 속을 뒤지며
타인의 온기를 이해하려 들 텐데
내가 타인의 눈에서 잠시 빌렸던 내부나
주머니처럼 자꾸 뒤집어보곤 하였던
시간 따위도 모두 내 것이 아니라는 생각
감추고 돌아와야 할 옷 몇 벌, 이불 몇 벌,
이생을 지나는 동안
잠시 내 몸의 열을 입히는 것이다
바지 주머니에 두 손을 넣고
종일 벽으로 돌아누워 있을 때에도

창문이 나를 한 장의 열로 깊게 덮고
살이 닿았던 자리마다 실밥들이 뜨고 부풀었다
내가 내려놓고 간 미색의 옷가지들,
내가 모르는 공간이 나에게
빌려주었던 시간으로 들어와
다른 생을 윤리하고 있다

저녁의 타자들이 먼 생으로 붐비기 시작한다

* 레비나스의 『시간과 타자』 중에서.

정신현상학에 부쳐 횔덜린이 헤겔에게 보내는 마지막 편지

죽기 전 내 심장을 한 번이라도 볼 수 있을까
사람은 누구나 자신의 심장을 상상만 하다가 죽는다는 사실을 나는 아네
—— 1842년 11월 횔덜린에게

헤겔. 낡은 목선(木船)들이 물살에 흔들리고 있네. 자신의 무게를 바람에 놓아준 눈송이들은 지상의 시간을 떠돌다가 교회의 마당에 신의 호흡처럼 흩어져 있었네. 자정이 되자 인간이 해변에 세운 수도원의 불빛들이 바람에 부서져 흩어지고 있네 마편으로 온 자네의 책과 편지를 이제야 받아 보게 되었네.

창문이 밀물의 색을 지니고 흔들리기 시작하네. 나는 연필 심이 뜨거워지도록 종이에 바닷속 금지된 소리들을 받아 적고 있다네. 어쩌다 귀퉁이에 조금씩 풀어 넣은 그림들은 모두 내가 꿈꾼 이타케라네. 사람이 누구하고도 할 수 없는 약속 같은, 머언 섬 안의 어둠은 밤늦도록 눈 안에 떠 있네. 어느 얼굴로 울고 새들은 저렇게 바람의 피를 마시며 날아가는 건가. 밤의 어둠 속에서 혼자 나룻배를 밀고 이곳으로 들어온 지 꽤

되었네 사람들은 나의 눈 속에서 무엇을 보고 가는지 알 수가 없네. 내가 해변에서 바닷속 같은 충광(蟲光)을 뿜으며 죽어 누워 있을 때 그들은 나를 작대기로 뒤집어볼까 물의 결로 밀어낼까 내일은 자네 책을 열고 들어가 그 심해에서 나는 노을보다 옅어져보겠네

    바람이 불면 바다는 구름의 서식지를 숲까지 밀고 온다네. 그러나 나무의 속을 열고 나온 그늘은 얼지 않고 바다의 기슭으로 출렁인다네. 비로소 스스로의 고대(古代)까지 들어가 어두운 치욕을 헤쳐 바다가 제 속을 뒤집고 있네. 누구에게나 폭설(暴雪) 같은 눈동자는 있어 나의 죽음은 심장 가장 가까운 곳에서 그 눈 속의 폭설을 잃은 것일 테지. 자네가 현현한 정신장은 지금 가장 먼 곳에 있는 자(者)를 가장 가까운 곳에서 아프게 하고 있겠네. 서랍 속에서 네카의 잔잔한 강변 옆, 우리가 6월의 종려나무 숲에서 찍은 사진을 꺼내 바라보고 있다네. 우리의 눈 안을 오래 떠다니던 이 눈동자들을 우리의 것이라고 할 수 있을까. 그분의 눈이 우리의 눈 속을 치유할 때 사랑이라네. 사랑이라고 믿어주게. 뜨거운 수프처럼 수평

선이 끓고 있네. 헤겔. 남은 힘을 아껴 이렇게 밤엔 책상을 당기고 앉아 있다네. 지금 이 시간은 칼날이 연필 속에서 벗겨내는 목재의 물결물결이네.

 눈들이 공중에서 차디찬 종소리들을 머금고 떨어지고 있네. 수도원의 종소리는 아침마다 바다를 더 비린 물결로 흐르게 한다네. 언젠간 세계를 향한 내 푸른 적의에도 그처럼 낯선 비유가 찾아올 것이네. 폭설을 끓고 맨발로 숲으로 들어가 하늘의 일부분이었던 눈들을 주워 먹다 보면 그분이 두 팔로 고요하게 날 안아 들고 사라지고 있는 듯하네. 자네와 내가 나란히 해변에 세워둔 의자 하나씩 눈발에 묻혀가는 지금, 바라보면 하늘을 적시는 갈매기 그 푸른 눈동자가 바다에 비쳐 온통 타고 있는 것을, 우리는 어디서 만나서 언제 이 정신으로 다시 죽을 수 있을까? 수녀들이 다가와 내 팔다리를 꽁꽁 묶은 채 둘러앉아 기도를 하는 밤이면 창문으로 첨탑에 홀로 살고 있는 매가 자네로 보인다네. 정신에서 자네에게 내려왔다는 그 섬으로 가서 자네의 야생화들을 좀더 바라보다가 갈 수 있을까? 수녀들이 가져다주는 신경이 없는 벌레들을 마시며 나는 죽어가고 있네. 후세는 자네와 나를 유미주의자(唯美主義者)로 보아줄까? 이 배를 밀고 바다로 가서 내 살의 항구마다 놀러 온 피들을 아무도 모르게 고래에게 던져주게. 내내 향유하게

없는 내 아이가 가위로 햇빛을 자르고 있다

없는 내 아이가 방 안에 들어오는 햇빛을 자르고 있다

잘린 햇빛에 가서 지렁이들이 하혈을 한다

사람들의 농성 소리가 간간이 들려온다

발파 전문가들이 옥상에서 모닥불을 피웠다

여인이 배를 움켜잡고 중력을 통한다

갈라진 천장에서 죽은 쥐들이 쏟아져 나온다

물컵에 있던 눈에 음모가 나기 시작했다

살고 싶은데 고양이가 죽은 쥐를 핥기 시작한다

아프지 않은데 물약을 먹고 이빨들이 녹기 시작했다

여인은 장롱 밑으로 기어 들어가 인광(燐光)을 뿜는다

죽지 마 가위로 햇빛을 잘라줄게

없는 내 아이가 가위로 자신을 조금씩 자른다

토막 난 채 바싹 말라 있는 지렁이

환대(環帶)가 환하다

폭설, 민박, 편지 1
──「죽음의 섬 Die Toteninsel」, 목판에 유채, 80×150cm, 1886

주전자 속엔 파도 소리들이 끓고 있었다
바다에 오래 소식 띄우지 못한
귀먹은 배들이 먼 곳의 물소리를 만지고 있었다
심해 속을 건너 오는 물고기 떼의 눈들이
꽁꽁 얼고 있구나 생각했다
등대의 먼 불빛들이 방 안에 엎질러지곤 했다
나는 그럴 때마다 푸른 멀미를 종이 위에 내려놓았다
목단 이불을 다리에 말고
편지(片紙)의 잠을 깨워나가기 시작했다
위독한 사생활들이 편지지의 옆구리에서 폭설이 되었다
쓰다 만 편지들이 불행해져갔다
빈 술병들처럼 차례로
그리운 것들이 쓰러지면
혼자서 폐선을 끽끽 흔들다가 돌아왔다
외로웠으므로 편지 몇 통 더 태웠다
바다는 화덕처럼 눈발에 다시 끓기 시작하고
방 안에 앉아 더운 수돗물에 손을 담그고 있으면
몸은 핏속에서 눈물을 조용히 번식시켰다

이런 것이 아니었다 생각할수록
떼죽음 당하는 내면들,
불면은 몸속에 떠 있는 눈들이
꿈으로 내려가고 있는 건가
눈발은 마을의 불빛마저 하나씩 덮어가는데
사랑한다 사랑한다 그 안 보인다는 혹성 곁에
아무도 모르는 무한(無限)을 그어주곤 하였다

고등어 울음소리를 듣다

깊은 곳에서 자란 살들은 차다

고등어를 굽다 보면 제일 먼저 고등어의 입이 벌어진다 아…… 하고 벌어진다 주룩주룩 입에서 검은 허구들이 흘러나온다 찬 총알 하나가 불 속에서 울고 있듯이 몸 안의 해저를 천천히 쏟아낸다 등뼈가 불을 부풀리다가 녹아내린다

토막을 썰어놓고 둘러앉아 보라색들이 밥을 먹는다
뼈도 남기지 않고 먹어치운 후 입안의 비린내를 품고 잠든다
이불 밖으로 머리를 내놓고 보라색 입을 쩝쩝거린다

어머니 지느러미로 바닥을 치며 등뼈를 세우고 있다 침 좀 그만 흘리세요 어머니 애야 널 생각하면 눈을 제대로 못 감겠구나 옆구리가 벌어지면서 보라색 욕창이 흘러나온다 어머니 더 이상 혀가 가라앉았다가 떠오르지 않는다 나는 어머니 몸에 물을 뿌려주며 혀가 가슴으로 헤엄쳐 가는 언어 하나를 찾았다 생이 꼬리를 보여줄 때 나는 몸을 잘랐다

심해 속에 가라앉아 어머니 조용히 보라색 공기를 뱉고 있다 고등어가 울고 있다

부재중(不在中)

　말하자면 귀뚜라미 눈썹만 한 비들이 내린다 오래 비워둔 방 안에서 저 혼자 울리는 전화 수신음 같은 것이 지금 내 영혼이다 예컨대 그 소리가 여우비, 느개비 내리는 몇십 년 전 어느 식민지의 추적추적한 처형장에서 누군가 이쪽으로 걸어 두고 바닥에 내려놓은 수화기를 통해 흘러나오는 댕강댕강 목 잘리는 소리인지 죽기 전 하늘을 노려보는 그 흰 눈깔들에 빗물이 번지는 소리가 들려오는 것인지 아니면 카자흐스탄에 간 친구가 설원에서 자전거를 배우다가 무릎이 깨져 울면서 내게 1541을 연방연방 보내는 소리인지 아무튼 나 없는 빈방에서 나오는 그 시간이 지금 내 영혼이다 나는 지금 이 세상에 없는 계절이다 충혈된 빗방울이 창문에 눈알처럼 매달려 빈방을 바라본다 창문은 이승에 잠시 놓인 시간이지만 이승에 영원히 없는 공간이다 말하자면 내 안의 인류(人類)들은 그곳을 지나다녔다 헌혈 버스 안에서 비에 젖은 예수가 마른 팔목을 걷고 있다 누워서 수혈을 하며 운다 내가 너희를 버리지 않았나니 너희는 평생 내 안에 갇혀 있을 것이다 간호사들이 긴 꼬리를 감추며 말한다 울지 마세요 당신은 너무 마르셨군요 요즘은 사람들의 핏줄이 잘 보이지 않아요 우산을 길에 버리고 고개를 숙인 채 예수는 빗속을 떨면서 걸어간다 죽은 자들이 다가와 우산을 씌워준다 곧 홍수가 나겠어요 성(成)으로 돌아가고 있지 못하고 있군요 나는 나의 성(星)을 잃어버렸네 성(性)을 중얼거리는 것은 우리들도 마찬가지예요 자신을 기억해내려는 그들은 비 맞으며 자신의 집으로 저벅저벅 문상 간다 생전에 신던 신발을 들고 운다 발광(發光)한다 산에 핀 산꽃이 알토끼의 혀 속에서 녹는다 돌 위에 하늘의 경야(經夜)가 떨어진다 예수가 내 방의 창문 앞에 와서 젖은 손톱을 들어 유리를 긁는다 성혈이 얼굴에 흘러내린다 나는 돌아온다 말하자면 이 문장들은 生을 버리고 성(聲)의 세계로 간 맹인이 드나드는 점자들이다

설탕공장 소녀들의 문자 메시지가 출렁출렁 건너가는 밤

 영하 나의 아름다운 설탕들이 녹고 있어 아으 박테리아처럼 떠다니는 눈송이들 사람들이 거리로 나와 D- 같은 눈을 맞아 눈을 많이 맞으면 몸이 녹아내린다는데 우리들은 발소리를 죽이고 옥상에 올라가, 문자 메시지를 날리지 보고 싶어 영하 오늘 밤엔 추워서 담요를 하나씩 더 나눠준대 나의 아름다운 설탕들이 녹고 있어 새 모이를 사러 가야 하는데 영하 오늘 밤엔 가·나·다·라·마·바 눈이 내려 잠이 창문으로 날아올까 새벽엔 까만색 정로환만 한 똥을 누면서 기숙사 쪽창으로 가·나·다·라·마·바 내리는 눈을 바라봤어 아으 나의 아름다운 설탕들이 녹고 있는데 새가 얼어 죽으면 나는 밤새 눈을 뜨고 의자에 앉아 있어야 해 눈을 뜨고 죽어버린 새를 안고 있다면 밤새 그 사람은 그 뜬 눈을 따라 날아가야 하는 게 생(生)이래 나를 겨울나무에 올려놓고 그렇게 말한 오빠야의 시는 아름다웠어 지금 그 문장들은 어디 갔지 오빠야 몰려가서 개구멍을 파 새 모이를 사러 가야 하는데 새로 산 플라스틱 귀고리가 자꾸 바닥에 떨어져 나의 아름다운 설탕들이 녹고 있는데 설탕 속에서 녹아 죽은 벌레들이 자신의 둥지를 물고 날아가 옥상에 널어놓은 희뿌연 팬티들을 하나씩 가슴에 품고

내려가는 순간마다 우리들의 설탕은 어디로 날아가는 거지

 종아리가 각설탕처럼 부서지지 나의 아름다운 설탕들이 녹고 있는데 머릿속에 빨간 눈들이 마구 날려 담 아래 모여 주머니에서 꽁꽁 언 추잉검을 돌려 씹어 나의 아름다운 설탕들이 녹고 있는데 눈송이의 지느러미가 도시에 풀풀 날아다녀 영하 나도 마네킹처럼 속눈썹을 올리고 밤에는 속삭이며 살고 싶어 아으 잠옷을 입고 포장을 하고 있는 꿈은 지독해 나의 아름다운 설탕들이 녹고 있는데 나는 스피아민트 나는 쥬시후레시 치마 속에 운동복 치마 속에 운동복 좁은 화장실에서 팬티를 내리듯 이곳에선 이별은 사상처럼 부끄러운 게 아니야 아으 나의 아름다운 설탕들이 녹고 있는데 내가 만든 눈사람 속에 나는 들어가 있어 내 무덤에 놀러 와줄래 비누를 깎아 만든 사슴을 다 줄게

저녁의 요의(尿意)

 집에 돌아온 지 오래되었는데 주머니를 뒤집으니 쥐며느리 한 마리가 나온다 바람이 흘린 오줌 냄새를 맡으며

 등본을 떼러 가기 위해 나는 저녁이 다 되었다 고향의 동사무소에 아직 몇 년 전 시간 같은 불이 켜져 있는데 불빛의 여정(旅程) 위에서

 마른 배를 가진 먼지들이 푸르르 깔린다 등본을 떼러 가기 위해 집에 돌아온 지 오래되었는데

 주소를 적어놓지 못한 세월들이 그믐처럼 흩어지듯 저녁엔 처음 본 집 녹슨 대문들의 주소도 마음이 된다 그게 나였을까

 손바닥에 올려놓고 쥐며느리의 몸에서 나는 비린내를 맡아 보는 것인데 둥글게 몸을 말아 만드는 저 작은 그늘

 희미하게 옛집이 생각나는 것인데 처음부터 우리는 귓속처럼 서럽게 냄새나는 것들이었는데

밭에 들어가 쥐들처럼 가랑이를 벌리고 오줌 누던 누이들을 먼발치에서 지켜주듯. 나 혼자 딴전 피우고 사는 세상인 듯. 말없이

집에 돌아오면 몇억 년은 흰 배를 문지르며 벽으로 돌아눕던 몇 마리 쥐며느리들이었는데 나는 그 주머니를 다 뒤져보고 싶은 저녁이다

간을 먹는 밤
── 성(聖)과 속(俗)

간을 먹는다 모여서 먹는 간
간을 먹어서
오늘 밤엔 우리들 간이 깊어간다

간이 나온다 한 접시에 2천 원
순대는 빼고 간만

간을 먹는다
여름밤의 간만 한 접시

간을 먹는다
물 없이

자꾸 시커메지는 성기처럼
몰라주는 참혹
똥이 똥글똥글해질까

간을 먹는다

모여서
누구의 간을 조금 잘라버릴까
간이 나온다
배 밖으로
허리띠에 구멍 하나 더 뚫어야겠다

생가

안은 어두워서 밖을 숨겼다
죽은 자의 입안에
쌀 한 줌을 가만히 넣어주듯이
구름은 온다

저녁이 되면
오래된 종(鍾)에서만 주르르 흘러나온다는 물처럼
자신을 넘어버린 울음은
더 이상 자신에게도 들리지 않는다

누군가의 생가라고 한다
나 혼자 지나간 것은 아니다
그는 누구였을까
바람 밖으로 먹놀이*가 울린다
죽은 자들이 다가와 종(鍾)을 핥고 있는 거다

썩은 육신에 꿈이 붐비면
삭아가는 관(棺)도 저렇게 고인 물을

죽음 밖으로 흘려보내는 것일까
화장(火葬)된 구름들이 물로 흘러내리며
공중의 비문(碑文)이 된다
마지막 발짓이 허공을 헤엄쳐 갈 때
몸 안에 아무렇게나 흘러다니던
구멍 하나가 천천히 목구멍으로 넘어왔을 것이다
나는 울다가 썩어버린 사람을 바람으로 본다

* 한 공간에서 주파수가 서로 다른 음의 파장을 일으켜 소리를 길고 오래가
 게 만드는 현상. 동양의 범종에만 있는 현상이라 한다.

우물론(論)

번개가 마르고 있다
우물은 얼룩이다
비에 실려 온, 구름 속 그늘이 철렁
우물에 떨어진다
우물은 그 그늘들을 받아먹고
조금 더 어두워진다
뒤란에서 깨진 유리들을 태워
우물에 던져 넣는 화부(火夫)
화부는 아버지이거나 할아버지이거나 나이다
불에 타는 유리 속에서 유령처럼
검은 그을음이 스르르 올라온다
그 그을음은 비 내리는 저녁과도 닮아 있고
육체를 뒤집어 빌려 쓰고
처음이자 마지막 외출을 하는
유리의 영혼 같기도 하다
식물의 몸으로 동물의 알을 낳듯
우물은 그 유리들을 녹여 먹고 눈이 생겼다

두레박을 던지면 우물의 눈이 쨍그렁 깨진다
우물의 근원에 대해서 물으면
화부(火夫)들은 당신들의 눈 속으로
묽은 불을 던져 놓곤 하였다
땅속의 어두운 그늘들이 물이 되는 거란다
첫번째 화부는 그렇게 말했다
부스스한 눈들이 그늘로 내려앉거나
어두운 상자들 같은 바람이 불거나 하면
정말로 우물은 그늘로 만들어진 것인지
물맛에서 그늘 냄새가 우물우물거렸다
우물의 긴 혀가 밖으로 올라올까 봐
나는 무서워서
땅의 목소리를 끌어올리는 일에 소질이 없었다
내가 품다 죽어버린 병아리의 붉은 눈을 퉁!
바닥을 향해 던져주었을 때
우물이 눈을 질끈 감았다는 것 정도
내가 아는 우물의 천성은 그 정도이다

이제 누가 그 우물의 어미를 찾아줄지를 물을 때이다
햇빛이 죽은 거미의 줄을 타고 내려가
우물의 환영이 된다
사람들이 사생아(私生兒)처럼 주워다가
키우고 버리고 하는 식물 우물은
밤마다 어디까지 그늘로 늘어지다가 오는 것일까
아무도 알 수 없다
목을 뻗어 만질 수 없었던 그늘이
우물을 어떤 자세로 그을리고 있었는지
바람의 얼룩과 빛의 혼기(婚期)들을
우물이 어떻게 데리고 살았는지
그곳으로 가뭄처럼 기어 내려가
우리는 검은 입을 벌렸다
다만, 그 알 수 없는 그늘의 궤도에서
우물은 불이 꺼졌다
켜졌다 하는 것이었다

맨홀

 친구여 오후엔 거미가 집을 버리고 떠났다네 거미는 벗어날 수 없는 자신의 경계를 고민했네 자신이 만든 시간 속에서 오래 허기진 듯했네 날아오르고 싶던 컴컴한 시간들이었겠지 비에 젖은 채 이곳에 들어온 거미는 빠르게 말라갔네 거리로 나와 몇 개의 음습한 방을 전전하는 동안 버리고 떠날 때마다 몰래 따라오던 숟가락 젓가락 같은 것 이해할 수 없는 것들이 어떻게 외로움이 되어가는지 스스로를 내부로 음모해가는 것 지하에 빈방을 만들고 생각했겠지 그러나 내게도 잊어본 적 없는 말이 하나 있네 엄마…… 그래 그 시간에 대해 물으면 나도 날고 있는 것이라네 낮엔 거미가 하던 대로 손톱을 세워 벽에 글씨들을 새겨보네 밤이면 거미의 내란(內亂)에 들어와 이 생을 의심하며 날개를 물어뜯는 나방의 눈을 오래 바라보네 생이 머물다 갈 공간들이 벽 안에서 조금씩 부서지는군 몇억 년이 지나도 암호로 남아버릴 이 시간, 제 내(內)를 질질 끌고 다니던 질서 같은 것이었을 걸세 나를 구해주게 거미는 한 번 떠난 집을 다시 찾지 않는다네

3부

죽은 새가 땅에 내려와 눕지 못하고 하늘을 맴돌고 있다

고양이가 정육점 유리창을 핥고 있는 밤

거미들이 거리에 잠들어 있는
아이들의 귓속으로 기어 들어간다
고양이가 자정의 정육점 유리창에 붙어 있다
뒤꿈치를 들고 유리를 앞발로 긁는다
토막 난 얼굴들이 쓰레기통 속에서 화장이 벗겨진다
벽에 걸린 갈고리들이 음문을 벌린다
핏물이 시간 위로 떨어진다
물이 찬 형광등 안에서,
벌레들은 죽은 알을 낳는다
매달린 살덩이 사이를 왔다 갔다 하는
쓸쓸한 그림자 하나, 하체가 벗겨져 있다
고양이는 등을 세우고 노려본다
검은 혀가 고기의 목을 핥기 시작한다
침을 질질 흘리며 내장을 핥는
고양이의 허기가 가로등불에 환하다
혀가 빨고 있는 황홀한 굴욕
골목을 돌던 한 여자의 입이 틀어막히고 있다

몽상가
— 날아가는 새가 사람의 머리카락을 물고 가면
 그 사람은 밤에 날아다니는 꿈을 꾸게 된다*

긴 머리를 자르기 위하여

긴 머리를 자르기 위하여 밤을 나선다 밤에 머리를 자를 만한 곳이 없다고 수첩에 옮긴다 나는 비스마르크 제도에 사는 초록파푸아 달팽이의 느린 생을 이야기하고 싶다 맥주 거품 같은 구름이 근원에 홀린 듯 떠 있는 밤, 생은 먼 데서 흘러오고 나는 벼락이 아닌 수천 년 전부터 하늘 속을 흐르다 찾아온, 숲 속 가장 어두운 나무의 눈을 떠올린다

맥주의 매복지

맥주를 사러 가기 위해 우리는 방 안에 매복해 있었다 게릴라처럼 우리는 웃었고 게릴라처럼 우리는 코피를 흘렸다 그러나 게릴라처럼 매복지에서 죽지 못했으므로 우리는 맥주를 사러 가기 위해 일어났다 누군가 창문 앞에서 인생이라는 혐의를 벗어나고 싶어라고 말했으나 그는 곧 우리가 '입술 깨물기에 관한 이야기'를 해야 했으므로 검은 라이방을 쓰고 몇 개의 검은 종이학을 탁자 위에 접어 놓았다 그러곤 스스로의 영혼 속으로 가라앉고 있는 음악을 살리기 위해 우리는 조금씩 떨면서 땔감처럼 푸르고 축축한 이야기를 다시 시작했다 그

가운데에는 음악을 향해 날아온 섬도 있었고 '한 번도 우리는 그 섬에 가본 적이 없었고' 코레아의 감나무에 매달린 칠레 사내의 칠레 같은 푸른 발목도 있었다 달팽이의 입술을 가진 청년이 몰래 안아서 집으로 훔쳐 온 '책 읽는 소녀 동상'도 있었다

물속에서 건져 올린 머리칼

당신들은 한패로군 저녁마다 서로 말을 나누는 사이임에 틀림없어 그녀의 머리를 마지막으로 감겨주었던 세숫대야를 찾고 있다고? 미안하지만 이 가게에 그런 건 없어. 이보게 그런데 거울을 좀 보도록 하게. 자넨 지금 담배를 거꾸로 물고 있지 않은가. 휴일엔 가끔 혼자서 십자가를 뒤집어놓고 방에 앉아 쓸쓸한 칼을 갈기도 하는 거야. 이런 당신들은 정말 한패로군 내 새장의 새들이 입을 열지 않아 오늘도 밤을 샐 모양이군.

연두색 담배의 마지막 한 모금

불가피하게 오늘은 내가 너를 사랑한다 사랑하는 사람이 없

으니 오늘은 내가 너를 사랑한다 내 눈이 너로 인해 번식하고 있으니 불가피하게 오늘은 너를 사랑한다 오늘은 불가피하게 너를 사랑해서 내 뒤편엔 무시무시한 침묵이 놓일 테지만 너를 사랑해서 오늘은 불가피하다

불가피하게 오늘은 내가 너를 사랑해서 이 영혼에 처벌받을지 모르지만 시체를 사랑해서 묻지 못하는 사제처럼 불가능한 영혼을 꿈꾼다 환영에 습격받은 자로서 나는 사랑하는 사람이 없으니 불가피하게 오늘은 너를 사랑한다 오늘은 몇천 년 전부터 살았던 바람이 내 머리칼을 멀리 데리고 날아갈 것이지만 사랑하는 사람이 없으니 불가피하게 오늘은 내가 너를 사랑한다

로 시작되는 연기가 연두색 담배의 끝물에서 흘러나온다

기타를 멘 잠수부

용기를 얻기 위해 창가에서 나는 조용히 침대로 간다 비가 오는데 창문 앞에서 서성거리고 있다면 당신은 지금 사랑을 하고 있는 것이라고 수첩에 옮긴다 무서워서 으으으 나는 입

이 거의 돌아가는데 머리를 자르기 위해 밖에 나가야 하는 것일까 바람이 부는데 나는 시조새처럼 꾸루룩거리며 날개를 바닥에 펼쳐놓고 타이핑을 하지 기타를 멘 잠수부들이 강물 속에서 또 음악을 연주하는군. 수면으로 뽀글뽀글 올라오는 음악의 냄새 그런 날이면 어김없이 새들이 어디선가 주워온 머리칼을 물고 내 노래 위에도 앉아 있지

  * 중국 고전 『박물지』의 한 구절.

우주로 날아가는 방 1

방을 밀며 나는 우주로 간다

땅속에 있던 지하 방들이 하나둘 떠올라 풍선처럼 날아가기 시작하고 밤마다 우주의 바깥까지 날아가는 방은 외롭다 사람들아 배가 고프다

인간의 수많은 움막을 싣고 지구는 우주 속에 둥둥 날고 있다 그런 방에서 세상에서 가장 작은 편지를 쓰는 일은 자신의 분홍을 밀랍하는 일이다 불씨가 제 정신을 떠돌며 떨고 있듯 북극의 냄새를 풍기며 입술을 떠나는 휘파람, 가슴에 몇천 평을 더 가꿀 수도 있다 이 세상 것이 아닌 것들이, 이 세상을 희롱하는 방법은, 외로워해주는 것이다

외롭다는 것은 바닥에 누워 두 눈의 음(音)을 듣는 일이다 제 몸의 음악을 이해하는 데 걸리는 시간인 것이다 그러므로 외로움이란 한생을 이해하는 데 걸리는 사랑이다 아버지는 병든 어머니를 평생 등 뒤에서만 안고 잤다 제정신으로 듣는 음악이란 없다

지구에서 떠올라온 그네 하나가 흘러다닌다 인간의 잠들이 우주를 떠다니는 동안 방에서 날아와 나는 그네를 탄다 내 눈 속의 아리아가 G선상을 떠다닐 때까지, 열을 가진 자만이 떠오를 수 있는 법 한 방울 한 방울 잠을 털며

밤이면 방을 밀고 나는 우주로 간다

우주로 날아가는 방 2
―― 새와 휘파람

밤이 되자 빨랫줄에 앉은 새들이 검은 물을 토하기 시작한다

말더듬이 소년이 지붕 위에 올라가 휘파람을 분다 새가 허공에 남기고 간 발자국들이 바람에 조용히 부서진다 휘파람이 날아간다는 것은 제 영혼의 양 떼들이 계절을 옮겨 날아간다는 거 밤에 지붕 위에 올라간 사람이 부는 휘파람은 들리지 않는다 새들이 물고 날아가기 때문이다

옥상에 널어놓은 이불 속에서 터진 솜들이 양의 내장처럼 흘러나와 있다 흰 솜을 뚫고 나온 수백 마리 미색의 벌레들이 밤하늘로 탈빛한다 아버지 사람은 자신이 살아온 만큼 사라져가는 것이에요 그런 말 하지 마라 내 양(羊)들이 눈물을 흘리잖니 그렇지만 아버지 그건 아버지의 양이에요

사람은 자신이 살아온 만큼 사라져가는 것이다라고 생각하면 눈물이 난다 봄이면 제 영혼을 조금씩 조금씩 털다가 사라져버리는 나비처럼.

새가 죽은 나비를 물고 산방으로 날아간다

우주로 날아가는 방 3
— 찰흙놀이

구름은 몸 안에서 눈 녹는 소리를 듣고 있다
방 안에 스며든 바람이 조용히 말라간다
누이들은 짜놓은 연고처럼 바닥에 흘러 잔다
그 옆엔 찰흙으로 빚어놓은 가족들,
상에 둘러앉아 밥을 먹고 있다
찰흙의 눈들이 축축하게 굳어간다
불을 ㄲ자 불빛이
자기 세계로 가만히 돌아간다
어둠 속에서 한 찰흙이 숟가락을 놓고 운다
한 찰흙이 다시 손에 숟가락을 쥐여준다
검은 눈물이 고개를 들어
창턱의 촉촉한 쥐똥을 바라본다
누이도 잠 속에 뜬 캄캄한 새 떼를 보고 있는 건지
발가락이 구부러지고 있다
자신이라는 시차(時差)를 견디는 일이란다 꿈이란
우리가 한 이불 속에서 말라가는 일처럼
귓속이며 머리칼이며 눈에서 나는 흰 냄새 같은 것
애들아 슬픔이 말라가면

교실에서도 손을 잡고 다니거라
햇볕에 몸이 쩍쩍 갈라질 때까지
그늘은 빛에 젖지 않는다

우주로 날아가는 방 4
—— 마른 강

그는 새 방(房)을 얻었다

물속의 적막이 천천히 말라가는 동안

공중에서 물 위로 내려온 그늘들은

그가 다 데리고 간 저녁이다

마른 바닥, 남은 몇 가닥의 풀들이

가리가리 바람에 타고 있다

자신이 처음 버려진 곳이라는 것을 알고

입을 벌리고 갔다는

어느 말더듬이의 휘파람은 여기서 잊혀졌다고 한다

밤이 되자 바닥에서 올라온 그늘들은

물 밖으로 떠올라 안개가 되었다

이런 날엔 수화기로 듣는 어머니의 울음소리가 자신의 여자와 닮아 있다

안개는 물들의 꿈이라는 것을 알아차린 그는 말을 줄이기 시작했다

그는 지붕 위에 앉아 물이 날아가는 것을 바라보았다

몇 개의 황금 문자를 지나

새벽이면 물속에 섬을 안고 가 담그고 있던 자리에

눈이 먼 검은 새들이 바닥에 앉아 잠들어 있다

물속에 있는 나무 계단을 타고 내려가

그는 신에게 몇 개의 질문을 던졌다

강의 바닥에 있던 방들이 문득 다 방생(放生)됐다

우주로 날아가는 방 5
—— 창문은 멸종하지 않기를 바란다

창문 1

형은 그림을 포기하고 마을버스를 운행한다고 편지를 보내왔다 똥구멍이 붙은 채 골목에서 낑낑거리는 개들을 향해 사람들은 바가지로 뜨거운 물을 부었다 나는 걸레로 기르던 개의 눈을 닦아주었다 입에 녹색 테이프를 붙인 소녀들이 밤이 되어도 멈추지 않고 고무줄을 뛰어넘었다 허공에서 조금씩 몸이 사라져갔다 새끼를 가진 박쥐들이 낮인데도 입을 벌리고 날아다녔다

창문 2

골방에만 틀어박혀 있던 처녀보살이 집 밖으로 나온 적도 있었다 의자에 앉아 느리게 담배를 피우며 온종일 그녀는 자신의 겨드랑이 냄새를 맡았다 집을 창문으로 들어갔다가 창문으로 나오는 사내가 있다는 소문이 동네에 돌기 시작했다 목화 향이 나는 삼층집에선 밤마다 종이비행기를 날리던, 가는 손목이 오늘은 창문에 가지처럼 걸쳐 있다

창문 3

밤이 되자 젊은 신부가 창문에 얼굴을 달라 붙이고 인간의 방들로 흘러들어가는 꿈을 바라본다 아버지 나를 버리지 마라 수녀가 거리에서 죽은 성자의 입안에 자신의 팬티를 벗어 넣어준다 신부와 수녀가 안고 잠드는 푸른빛의 방에서 밤마다 고양이 같은 울음이 들려온다 나는 입을 틀어막고 형의 그림을 바라보았다 늙은 어머니들이 창문에 입김을 불어 손가락으로 구구단을 쓰고 있다 애야 나는 이제 구구단도 잘 외운단다 아버지 나를 버리지 마라

창문 4

114를 누르고 누군가 구조 요청을 한다 114를 누르고 누군가 정말 미안해요라고 한다 114를 누르고 누군가 비행선이 오고 있다고 한다 114를 누르고 누군가 우린 꼭 한 번은 만나야 한다고 운다 114를 누르고 조금만 대화하자고 한다 114를 누

르고 누군가 당신과 나는 서로의 얼굴을 평생 볼 수가 없어요 라고 한다 114를 누르고 누군가 이 도시가 참 그래요……라고 한다 114를 누르고 벙어리가 제 이름을 몇천 번씩 부르며 연습한다 114를 누르고 누군가 얼굴 없는 울음을 조용히 보낸다 지금 저쪽에서 기록되고 있을 통화 내역을 믿으며 제 울음의 화석을 만들기 위해 조용히 어둠 속에서 114를 누르는 창문

창문 5

멸종하고 있다는 것은 어떤 종의 울음소리가 사라져간다는 것이다 나는 멸종하지 않을 것이다

인형증후군 전말기

1. 간지럼

    나는 간지럼을 타지 않는다* 나는 집에 오면 농담을 잘한다 최근에 내가 가입한 카페는 인형을 안고 거리를 걸어 다니자는 모임이다 내가 하루 종일 말라 죽은 사마귀를 가지고 놀던 어린 날의 오후, 누이는 어디선가 목 없는 알몸의 마론인형을 주워 왔다 아버지가 어머니의 목을 혹은 어머니가 잡은 나비의 발목을 비틀었을 때 엎질러진 쌀독의 벌레들이 꾸물거리며 차렵의 이불 속으로 생을 옮기기 시작했다 인형을 안고 장롱으로 들어간 누이가 키득키득 그들을 비웃기 시작했다

2. 보험왕

    운이 좋으면 어머니는 이번 달엔 사내에서 보험왕이 될 것이다 그리고 옵션으로 옥브라를 타오실 것이다 어머니는 어린 나를 유리창 밖에 세워두고 식당의 영업이 끝나길 기다리신 게 한두 번이 아니었다고 그날의 일기는 그를 기억한다 어느 더운 여름날 저녁, 어머니는 눅눅해진 포플러 잎처럼 늘어진

브라만 차신 채 시금치를 버무리면서 나에게 말했다 고객을 좆으로 보면 안 된다 그리고 몇 번인가 내 자연(自然)이 어머니 앞에서 무너졌다 불구자처럼 나자마자 시작되는 생의 후유증이라니, 생이 나를 가지고 자꾸 딴생각을 한다 또 재떨이만 챙겨 들고 나가 몇 달가량 집을 비울래?

3. 전염병

전염병이 날아와서 집 안의 짐승들을 히죽히죽 웃게 만든다 허구한 날 나는 뒤돌아본 죄밖에 없다 그때 문득, 등 뒤에 아무도 없다고 생각했을 때 가장 긴장되는 거. 나만 우글거렸다 네가 그 조그만 손을 내 등 속으로 집어넣었을 때를 생각해 그동안 나는 숨어서 기르던 병아리의 똥구멍이나 들여다보았어 그리고 내 근처까지 온 나에게 말했다 내가 너를 너무 잘 알고 있다 나는 별안간 웃기 시작했다 그리고 어느 날 갑자기 버스가 멈추었다 나는 기사에게 목덜미를 잡힌 채 끌려 내려왔다

4. 실어증

어머니 이 애가 전교에서 가장 말이 없어요 봄이 되면 빛이 불어터진 전구 알을 열었다 안에 있던 벌레의 혀들이 부서져 나왔다 아버지가 자벌레처럼 병든 어머니에게 기어들었다 이빨 사이에서 찍찍 소리가 새어 나왔다 누이들(그사이 한 명이 더 늘었다)의 눈을 가리며 우리는 웃었던가 울었던가 그해 봄 나는 맨발로 교실의 칠판에 나가 문제를 풀었고 앵두나무 뒤에 숨어 몰래 자지를 꺼내 보았다

5. 팬티의 내력

나는 청년이 되어 집을 떠나기 전까지 아버지와 팬티를 같이 입었다 아니 나누어 입었다고 해야 옳다 사실 이것만은 숨기고 싶었다 아직 나의 아버지가 나의 팬티를 입고 살아 계시기 때문이다 이런 팬티의 내력을 이제야 쓰는 나는 제법 흐뭇하게 느껴진다 그러면서 나는 그런 자신을 자꾸 비웃고 있다 나는 간지럼을 타지 않는다 밖에서 나를 웃길 수는 없기 때문

이다

* 다자이 오사무의 소설 중 한 구절.

테레민을 위한 하나의 시놉시스
(실체와 속성의 관점으로)

1. 영화 전반을 지배하는 사물
—악기 테레민

〈1920년대 러시아의 음향물리학자 테르민이라는 사람이 만든 전자 음향 악기. 그의 이름을 따서 테레민이라는 이름으로 불린다. 겉으로 보기엔 작은 상자처럼 보인다. 이 악기는 상자 속의 공명을 통해 수직의 공간(허공)으로 음열의 파동을 일으키고 그 공간 속으로 두 손을 휘저으며 연주하는 악기다. 마치 겉에서 보면 마임이나 주술을 걸고 있는 듯하다. 몽환적이고 서글픈 음색을 띤다. 다른 악기와는 달리 이 악기는 인간의 어떤 신체 접속도 기계와 이루어지지 않는다 그저 허공의 질서로 손이 들어가서 새로운 질서를 만들며 음악을 형성한다. 이 악기는 매우 연주법이 어렵고 난해해서 현재 전 세계에 30명가량만이 연주를 할 수 있다고 전해진다. 현재 생명체처럼 거의 멸종 상태고 이 악기의 사운드를 개량해서 오늘날의 신시사이저가 되기도 했다. 영화상에서 히치콕이 한 번 원곡이 아닌 변주를 통해 사용한 적이 있다. 훗날 이 악기를 만든 테르민은 음감에 대한 뛰어난 능력 때문에 러시아 요원들에게 납치되어 첩보국에서 평생 도청 업무를 맡게 된다. 그리고 어느 날 말년이 되어 갑자기 뉴욕의 도시 한가운데에 나타나게 되는데 실어증과 심막폐쇄증이라는 사인으로 곧 죽고 만다. 이 극에서 이 악기는 마치 생명을 가진 것처럼 보일 필요가 있다. (**위 사실은 실제와 다름없음.**)〉

2. 인물

안인희: (남) 30.

직업: 피아노 조율사.

그는 음악이면서 동시에 사람인 존재다. 전생에 음악이었지만 현세에 사람으로 다시 환생한다. 과거에 러시아 작곡가 아낙사고라스가 작곡했던 음악(테레민)이다.

따라서 이 극에서 음악으로 환생한 인희는 자아가 음악으로 이루어진 사람이다.

성스런: (여) 26.

직업: 피아노 연주자.

테레민을 만든 러시아 작곡가 아낙사고라스가 사랑했던 여

자. 전생에도, 현세에도 피아노 연주자로 살아간다. 전생은 소냐였다. (동일 인물.)

아낙사고라스: (남) 48.
직업: 전직 KGB 출신 작곡가
부인의 죽음을 계기로 KGB 활동을 그만두고 작곡에 몰두한다. 자신의 제자이면서 피아노 연주자인 소냐를 사랑한 인물이자 인희의 전생이었던 음악을 작곡한 인물. 인희라는 자신의 음악을 깨우기 위해 자신은 현재에 인희가 가장 사랑하는 음악으로 환생한다. 진지하고 올곧으며 차분한 성격이다.

성애련: (여) 29.
청각 장애인. 스런의 언니.
음악 소리를 듣지는 못하지만 음악의 영혼을 들을 수 있는 인물. 이 극에서 그녀는 음악이 흘러나오면 소리를 듣는 것이 아니라 소리를 바라보고 있는 것처럼 보일 필요가 있다. 그녀의 눈은 음이 가지고 있는 음역을 바라보는 것처럼 하얗다. 어느 날 인희의 영혼이 음악으로 이루어진 것을 알아보게 된다.

3. 작의(作意)와 극의 주요 모티프
─**인연에 대한 새로운 실체와 속성**
〈실체〉

전생과 환생을 다른 각도에서 바라본다. 일테면 사람이 사람으로 태어나거나 사람이 어떤 생물로 태어난다는 자연발생적 환생론이 아니라 사람이 음악으로 태어날 수 있고 음악이 사람으로 다시 환생할 수 있다는. 일종의 중세의 후생설이다 스피노자식으로 말하면 모든 것을 신에 대한 목적론적으로, 인간 중심적으로 생각하는 의인화된 편견을 버린다면 '실체'가 보인다. 칸트는 인간의 정신은 형이상학적인 소질을 타고 났기 때문에 끊임없이 이성은 초월에 대한 경험 근거를 가지려고 한다고 보았다. 그 욕구를 그는 다만 오성과 확연히 분리하고 싶어 할 뿐 자신의 생에선 다루고 싶어 하지 않았다. 형이상학은 그의 거주지였지만 그가 이성으로 세운 건축술은 테레민을 놓쳤다. 이 극에서 나는 그것을 쓴다.

⟨속성⟩

이 극에서 작곡가 아낙사고라스는 사랑하는 한 여인을 위해 자신이 만들었던 음악을 사람으로 환생하게 하여 이루지 못한 사랑을 후생에 이루려 한다. 자신의 자아를 음악에 부여하며 살아간다. (이것은 칸트의 후생 체계를 환유한다.)*

즉 자신의 음악을 영원 속에 봉인하고 주술을 걸어 후일 자신의 음악으로 하여금 과거에 사랑했던 여자를 다시 사랑하게 한다.

4. 내러티브
— 프롤로그 ⟨과거⟩
— 자궁을 다녀온 손
전운이 감도는 황량한 모스크바 목조 가옥,
구름 속에 스며 있던 바람이 흘러나온다
바람 속에 창이 생긴다
방 안에서 아낙사고라스가 테레민을 연주하고 있다
그의 눈이 구름의 속처럼 어둡다

테레민의 질서 속으로 서서히 들어가는 어두운 손이 늙기 시작한다.

공간 속을 다녀올 때마다 손은 점점 말라간다

뼈를 쥐고 있던 살들이 주름지고 살 안에 스며 있던 뼈가 하얗게 드러난다

음악을 남겨놓고 먼 곳을 다녀온 손이 주술을 끝낸 듯 푸른 연기에 싸여 있다

〈현재〉 음악 속의 음악

인희는 스런을 만나 인연이 되고 사랑을 하게 된다. 피아노 조율사와 피아노 연주자 사이로 만나는 둘. 인희는 자신이 지금 가장 아끼고 사랑하는 음악을 들을 때마다 음악 속의 음악 같은, 무언가 알 수 없는 다른 음악(자신의 전생인 테레민)이 떠오르지만 인희는 그것을 기억해내지 못한다. 음악이 흘러나올 때마다 마치 하나의 음악이 다른 하나의 음악을 부르는 듯하다. 인희와 스런의 사랑은 점점 깊어지지만 둘 사이를 음악(아낙사고라스)은 질투하듯 바라본다. 인희와 스런과 음악 셋 사이에 알 수 없는 묘한 삼각관계가 점점 음악의 분위기와 함

께 형성되고 스런의 언니 애런만이 그 서글픔을 감지하게 되는데……

어느 날 애런(스런의 언니)은 우연히 인희와 함께 있던 중 인희에게서 떠오르던 알 수 없는 그 음악의 선율을 흥얼거린다. 그리고 인희는 그 음악이 러시아에서 작곡된 하나의 음악이란 걸 알게 되고 일과 함께 모스크바로 떠난다. 모스크바의 한 허름한 저택에서 기억 속에서만 맴돌던 실제 음악을 듣게 되는 인희. 전생의 조각을 하나씩 되찾아가고, 한국으로 돌아온 후부터는 서글프게 스런을 대하게 된다. 이때부터 극은 과거(러시아)와 현재(서울)가 서서히 교차되다가 과거(러시아)의 이야기로 넘어간다.

〈다시 과거〉 열정

전직 KGB 출신 음악가 아나사고라스는 첩보 활동으로 동구 유럽에 가 있던 중 부인의 임종을 듣게 된다. 부인의 죽음에 모든 것에 회의를 느낀 그, 일을 그만두고 한 저택에 숨어들어 음악에만 전념한다. 그가 작곡한 피아노 소품들을 연주하는 제자 피아니스트 소냐. 부인에 대한 연민과 사랑으로 소냐에 대한 열정을 감추고 있던 아낙사고라스는 서서히 소냐를 사랑하게 된다. 하지만 소냐는 아낙사고라스를 사랑하지 않고 다만 그를 존경할 뿐이다.

〈현재〉 광기

인희는 전생의 비밀을 스런에게 들려준다. 스런과 함께 과거에 자신이었던 음악을 듣는 인희, 그리고 이들 주변을 떠도는 듯한 음악이 된 아낙사고라스. 전혀 만져본 적도 없던 테레민을 연주하게 되는 스런. 그러나 아낙사고라스의 광기가 가진 무서운 사랑을 알고 있는 스런의 언니 애런은 음악의 영혼들로부터 이들을 자유롭게 하기 위해 무서운 계획을 세우게 되는데……

〈다시 과거. 처음으로〉 주술

황량한 모스크바 목조 가옥. 창밖에 비가 내리고 있다
아낙사고라스는 지친 듯 낡은 소파에 앉아 있다.
문을 열고 들어오는 소냐. 구름이 가득한 눈빛으로 그는 의

자에서 일어나며 말한다. "새로운 음악을 작곡했소." 그는 평상시처럼 피아노로 가지 않고 테레민 위에 손을 댄다.

"당신을 위해." 이윽고 아낙사고라스는 테레민의 음역 속으로 서서히 손을 집어넣는다.

늙은 손과 젊은 손이 시간의 질서를 휘저으며 흐른다

음악은 소냐의 몸으로 다가가 그녀의 몸 안에 공간을 만들기 시작한다 마치 아낙사고라스는 그 공간에 테마처럼 누워 있는 듯하다.

눈물을 흘리는 소냐. "왜 그러세요."

"우리가 그 시간을 견딜 수 있을까요?"

그는 눈을 감고 자신의 음악을 향해 천천히 입을 연다.

"다음 세상에서 너는 사람으로 다시 태어나거라."

〈에필로그〉 연민

이 부분은 피코 델라 미란돌라(1463~94)의 문서, 「인간 존엄성에 관한 연설」의 한 구절을 빌려서 상상해보고자 한다

아담아 우리는 너에게 정해진 자리나 독특한 겉모습이나 유별난 재주를 주지 않았다 너는 네 자리와 겉모습과 재주를 네

가 소원하고 판단하는 대로 선택하여야 한다 너는 어떤 제한을 받지 않을뿐더러 너의 본성은 너의 뜻에 맡겨두었다 네 자신이 그것을 정해야 한다 나는 너를 세계의 중앙에 두나니 네 주변을 둘러볼 때 세계에 무엇이 있는가 쉽게 볼 수 있을 것이다 우리는 너를 하늘의 존재나 땅의 존재나 죽을 존재나 죽지 않을 존재로 만들지 않았다 너는 네 스스로 선택한 모습대로 너 자신을 만들어가는 조형자요 창조주가 되는 자유와 영예를 누릴 것이다 너는 네 자신을 비천하게 만들어 짐승이 될 수도 있고 네가 원한다면 더 고귀한 영적 존재로 다시 태어날 수도 있다

"그 생애도 내가 이루지 못한 사랑이 있을 테니. 내가 음악이 되어 너를 깨울 것이다."

* 후생 체계: (이성만이 '조직'과 '체계'의 원리이며 주체이므로 현상계는 우리가 인식할 수 있지만 가상계는 사유할 수는 있되 우리가 인식할 수 없다. 따라서 우리는 대상의 형식적 근거일 뿐이지 질료로서의 근거가 될 수 없다. 질료로서의 근거는 신의 몫이다. 따라서 그러한 것들은 후생 체계라는 이름으로 여전히 체계의 가능성과 능력을 지니고 있을 뿐이다.) 이렇게 나는 관념론 시험 답안지에 썼지만 칸트가 말한 시간의 개념을 떠올려보자. 시간은 경험에 근거해서만 작용할 수 있다. 즉 내가 경험하지 않을 때 시간이라는 것은 작용하지 못하기 때문이다. 그런데 어쩐지 이 말은 시적이다. 왜냐면 스피노자의 유일 실체 개념이나 그것에서 운동과 이율배반(안티노미)을 본 헤겔의 칸트를 넘고자 했던 시간의 의지가 여기서부터 시작되었다고 보기 때문이다. 그들은 시간이 이성의 경험을 초월할 수 있다는 것을 끝까지 부인하고 싶었을 뿐이었다고 생각한다. 이 극은 그 지점에 대한 나의 이율배반이다.

타르코프스키를 추억함

　어머니가 가족의 머리칼을 잘라주신다 가위를 검은 물에 적셔가며 머리를 방에서 잘라주신다 부엌으로 들어온 새 한 마리 항아리 속을 날아다닌다 바람이 사람이 빠져 죽은 물을 물고 날아올까 봐 아버진 미늘창을 굳게 닫는다 창밖의 묘지에서 발이 스르르 나온다 어머니 내년엔 창고를 하나 만들어주세요 얘야 널 그곳에 가둘 수는 없단다 신문지 바닥에 검은 머리칼들이 봄밤처럼 쌓인다 당신도 머리가 많이 자라셨군요 고개를 좀 들어보세요 여보 난 고개를 숙이고 있는 것이 더 편해요 그런데 눈들이 바람에 잘리는 소리가 들리는군요 아버지 보세요 죽은 짐승들의 몸에서 나오는 파란 불빛들이 하늘에 얼어붙고 있어요, 창턱엔 날벌레들이 미라처럼 입을 벌리고 죽어 있다 그런데 겨울이면 벌레의 눈은 왜 그렇게 희미해지는 걸까 머리칼을 안고 버리러 나가신 아버지 마루에 앉아 우산을 쓰고 계신다 아버지 비도 안 오는데 우산은 왜 쓰고 계세요 이리 가까이 오너라 거기 있으면 우물의 눈으로 들어온단다 신문지에 싸놓은 머리칼들이 장독 단지 아래서 우글우글 부풀고 있다 없어진 아이들이 저수지에서 검은 물풀처럼 하나씩 건져지고 있는 밤

취한 말들을 위한 시간
—이 말을 타고 모든 음악의 출생지로 가볼 수는 없을까

오늘 밤은 취한 말들만 생각하기로 한다
잠든 말들을 깨워서
추위를 이겨낼 수 있도록 술을 먹인다
구유를 당겨 물 안에 차가운 술을 부어준다
무시무시한 바람과 산맥이 있는 국경을 넘기 위해
나는 말의 잔등을 쓸어주며
시간의 체위(體位)를 바라본다
암환자들이 새벽에 병실을 빠져나와
수돗가에서 고개를 박은 채
엉덩이를 들고 물을 마시듯
갈증은, 이미지 하나 육체로
무시무시하게 넘어오는 거다

말들이 거품을 뱉어내며 고원을 넘는다
눈 속에 빨간 김이 피어오른다
술을 너무 많이 먹어서
취한 말들이 비틀거리기 시작한다
이 말들의 고삐를 놓치면

전속력으로 취해버릴 것을 알기에
나는 잠시 설원 위에 나의 말을 눕힌다
말들이 뱃살에 머리를 베고
(우리는 몇 가지 호흡에 대해서 이야기할 수 있다)
둥둥둥 북을 울리듯 고동치는 말의 염통!
말의 배 안에서 또 다른 개인들이 숨 쉬는 소리
들여오는 것이다
밤하늘, 동굴의 내벽에서 들려오는 바람의 연령
나를 조금씩 인용하고 있는 이 침묵은
바닥에 널브러진 말들의 독해처럼
나에게 있는 또 하나의 육체, 이미지인 것이다
나는 말의 등에서 몇 개의 짐들을 떼어내준다

말들이 다시 눈 덮인 고비 사막을 넘기 시작한다
그중엔 터벅터벅 내가 아는 말들도 있고
터벅터벅 내가 모르는 말들도 있다
그렇지만 오늘 밤엔 취한 말들만 생각하기로 한다
음악 속으로 날아가는 태어날 때부터

바퀴가 없는 비행기랄지
본능으로 초행을 떠난 내감(內感) 같은 거, 말이
비틀거리고 쓰러져서 더 이상 움직이지 않는다
그 자리에서 분만을 시작하려는 것인지
의식을 향해 말은 제 깊은 성기를 꺼낸다
기미(機微)란 얼마나 육체의 슬픈 메아리던가

그 사랑은 인간에게 갇힌 세계였다

내 친구의 집은 어디인가

  20년이 넘어 어릴 적 친구를 찾으러 그 집에 간다 20년이 넘어 찾아간 나는 친구가 20년 전에 집을 나가 돌아오지 않는다는 사실을 모르고 그 가족에게 듣는다 어릴 적 친구를 만나러 갔다가 돌아서버린 후 20년이 지나버린 지금 나는 친구가 되었던 적을 묻는다 어릴 적 우리는 친구였던가 적이었던가 친구인 적이 있었었긴 했나 친구를 찾으로 간 나는 갑자기 20년이 넘어 울적해진다 가물해졌으나 친구인 적이 있던 나는 시인이 되었다만 친구였던 너는 어떤 여인(餘人)이 되어 있을까 묻는 것이 너는 20년이 넘어 내가 아는 그 집을 나간 것이 되었지만 친구인 것이 나는 20년이 되어서야 너희 집을 찾게 된 것이다 20년이 넘어 나는 너를 친구로 삼고 잊지 않았노라 생각했지만 20년 동안 내가 나를 잊지 않은 게 더 분명하다 이 가혹한 여진은 20년 동안 나를 헛짚었고 네가 출가한 시간이 천천히 나에게 건너왔던 것이다 모든 것이 수상한 날들의 의문처럼 자꾸 내 친구의 집은 어디인가 묻게 되는 것이다 내 친구의 집은 어디인가 음악 소리 한층 고조되며 서서히 암전.

울 밑에 선 봉선화야

그날 그 아이가 꽃에 해둔 메모/사랑아 글썽이다가 간다

  꽃은 글썽이다가 한 계절을 다 보낸다 20년 전쯤에도 나는 그 아이와 이 꽃을 지나쳤을까 어릴 적 살던 집 담장을 기웃거리는 일은 오래된 그 아이의 안부를 묻는 일 같다 굳은 우물 속에 있던 어두운 바람의 무늬들이 하늘로 기어 올라간다 안에서 진저리를 치는 꽃 냄새에 접붙은 바람은 이 골목에서 실종되지 못했다 목을 빼고 궁여를 잃은 듯 안을 들여다본다 깃동잠자리 한 마리 마당에 굳은 이파리처럼 누워 있다 장롱 속에서 일생을 눌러 박혀 있던 자개 새처럼, 몇십 년 전부터 거기 있었다는 듯 날개가 측량할 수 있는 바람이란 예감의 고도에서뿐이다 그런데 공중의 저 연못들은 언제부터 저렇게 떠 있었을까 악기 속에 있던 소리가 빠져나오듯 바람 속에서 붉은 형광이 흘러나온다 해에 주름이 고요히 일어난다 꽃의 기척이 다시 올 수 없는 저녁을 예감한다 그때 그 아이는 대못을 들고 없는 문패 대신, 철대문에 아름다운 귀신의 이름들을 굵게 파 넣었을까 엎드려 늙어가는 사람의 마디가 부석부석해지는 저녁, 바람 속에 출렁이는 안개는 다가가도 만지지 못한

다 어머니 보셨어요? 방금 누군가 우리 머리 위를 걸어갔어요 돌아앉거라 아버지 귀가 은화식물처럼 차가워졌구나 자색이 되어가는 피부가 부끄러워 비누를 가방에 넣고 다녔던가 애면글면 그 아이와 지금 나 사이 어둡게 저물어가던 피부는 바람의 물기를 따라 날아가는 저녁 참새의 빛깔을 닮았다 애야 그 아이는 오래전에 죽었잖니 너희는 같은 꽃을 두 번 볼 수는 없단다 구부러진 숟가락 같은 가로등들이 아직은 낮인데도 애기똥풀*의 눈처럼 희미하게 불이 글썽이는 골목, 울 밑에 선 봉선화야

* 김용(1970~99)이라는 시인이 살았었댔다. "술로 보채던 마음 맨정신으로 달래야 할 때 꽃은 정신없이 핀다"라고 쓰고 갔댔다 두승산 아래서 태어나 그만 "하얗게 그쳤단다". "꽃에 메모"를 해두고 "꽃처럼 당분간도 없던" 그 시인과 나는 한 번도 마주친 적이 없었댔다. 그러나 "내 心中에 들어앉은 초소"로 그는 있었댔다. 어머니를 "위대한 順한 몸의 격한 全部"로 이승에 두고 나무에 목을 건 혼. 그는 『꽃은 잎을 잊는다』는 시집 한 권 "삼킬 수도 뱉을 수도" 없었댔다. 춘삼월 비는 뿌리는데 "오래도록 너무 많은 별을 보아서 불행한" 꽃이었댔다.

재가 된 절

그는 법당의 천장을 기어다니며 웃는다
가진 책을 모두 태운 후
불상의 등을 안고 자기 시작했다

섬 위에 세워진 절
섬은 절 안에도 있다

밤마다 불상의 뜨거운 이마를 닦아주다가
가위로 자신의 입술을 조금씩 잘라내었다

— 섬이 바다의 넓이를 가두고 있는 것이 아니라
바다가 섬의 깊이를 가두고 있었다

승려들의 눈이 산수유 열매보다 붉어져간다

애야 네 아이란다 어머니가 늙은 노인을 데려왔다
두고 가세요 전 이제 잘 먹지 않지만요

아이를 안고 있는 보살*이
까맣게 타 옆으로 누워 있다
바람의 화인(火印)이 새겨진 숲
참붕어가 돌 속을 헤엄치는 소리

동승이 염불을 외는 불상의 입안으로 횃불을 집어넣었다

절이 느글느글 무너지기 시작한다

* 태안지장보살. 양수에서 성장하는 태아의 영을 태아령이라고 부르며 태아령의 천도를 위한 보살님을 태안지장이라고 부른다.

피아노가 된 나무

#1

저녁이면 물조리개를 들고 피아노에 물을 주러 오는 남자가 있다 피아노에 꽃이 핀다고 믿는 남자의 관성이다

#2

손톱을 물어뜯는 여자는 좋아한다 손톱을 물어뜯는 남자를. 이유 없이 헤어진다 손톱은 손가락들과.

#3

여자가 자신의 집으로 피아노를 훔치러 들어갔다 남자와 여자는 피아노에 새장을 달아주고 바닷속에 가라앉혔다 그리고 남자는 여자의 손가락을 밤새 빨아주었다

#4

바닷속 피아노가 오늘은 날 좀 안아줘 피아노가 열 개의 구멍으로 말한다 남자가 열 개의 콧구멍을 벌렁거리며 운다 이것은 새가 살 수 없는 구멍에 대한 관성이다

#5

　피아노에서 꽃이 핀다고 믿는다 그것은 나의 비운이래도 좋고 너의 불멸이 아니라도 좋다 피아노가 된 나무가 오래전 꽃이 피었던 자리를 생각하는 밤

　피아노는 나무와 헤어진다 여기는 인연을 매혹시킨 이별의 관성이다

비가 오자 우리는 랭보를 안고 낡은 욕조가 있는 여관으로 들어갔다

오래된 무덤을 발굴한 사람들이 어둠 속에서
밝은 곳으로 그것들을 끌어내는 것을 본 적이 있다
그리고 그들은 조심스럽게 1막을 분해하기 시작했다

1막 독백

썰물이 지나가고 갯벌 위에 남은, 게들의 떨어진 발들을 본 적이 있어요
나는 그때 촛불을 들고 있었고 바닷속에서 하나의 막이 흘러왔지요

2막 귀신(歸身)

어둠 속에서 우리는 서로의 덜 자란 손가락을 꼭 붙잡고 있었지
왕은 쌍둥이가 없지 하나의 왕이 태어나면 하나는 죽어야 한다지
하나의 왕은 사람이 되고 하나의 왕은 귀신이 되는 거지

귀신은 생을 연민하는 몸이 자신의 시간으로 돌아오는
것이다 자신에게 돌아오기 위해 몸은 시간을 찾아 떠돈다

3막 여관(旅館)

사내   벌레들이 불빛을 찾는 건 하루 종일 거리를 떠돌았기 때문이에요. 저를 그냥 벌레라고 생각하세요.

김씨   그래요. 여기저기 벌레가 많군요.

사내   사람들은 벌레의 날개에는 관심이 없어요.

김씨   벌레는 스스로를 벌레라고 부르지 않아.

사내   그렇군요.

김씨   그런데 이봐요. 당신은 무언가를 기다린다고 하지 않았나?

사내   기다리는 중이에요.

김씨   당신은 제정신이 아닌 것 같아.

사내   밤마다 저는 물속을 천천히 기어다니곤 해요.

김씨   이상하군. 내아들도 그랬는데……
      혹시 당신은 내 아들이야?

사내   그 사람은 오래전에 집을 나갔어요

김씨 그렇지. 아들은 오래전에 집을 나갔지.

김씨 자넨 버림받았나?

사내 그 사람은 당신의 아들이구요.

김씨 그렇지 그건 내 아들이지

김씨 (얼굴이 점점 일그러지며) 내가 웃고 있나?

사내 아니요. 울지 마세요.

김씨 (옷을 여미며) 나는 이제 슬슬 가봐야겠어.
그런데 나는 요즘 집으로 가는 길도 까먹곤 한다네.

김씨 너털웃음 짓는다.
사내도 따라 웃는다.

사내 (다가와 웃으며) 그럼 제가 업어다 드릴까요?

김씨 (웃으며) 그래도 되겠소?

사내 (웃으며) 그럼요.

김씨 사내에게 업힌다.

김씨　（웃으며） 무겁지 않아?

사내　（웃으며） 가벼워요.

김씨　（칭얼거리듯） 비행기 소리 한번 내줘.

사내　부웅 부 우 웅.

　　사내 김씨를 등에 업은 채 무대 뒤쪽으로 걸어간다.
　　서서히 어두워지는 조명 안으로 들어오는 바람 소리.
　　나뭇잎 흩어지는 소리
　　물결이 흔들리는 소리, 풍덩

　　바닥으로부터 물이 천천히 차오른다
　　서서히 물무늬가 실내에 공기처럼 가득 쌓인다
　　오래전부터 물에 젖어 있었던 듯
　　물빛 한 조각을 열면 여관이 잠겨 있는 강의
　　바닥에 빛이 가득하다
　　무대에 어둠이 완전히 쌓이면
　　물속 깊은 곳으로부터 목소리가 들려오는 듯하다

목소리 보세요. 죽은 새가 땅에 내려와 눕지 못하고 하늘을 맴돌고 있어요.

4부
무간(無間)

당신의 잠든 눈을 만져본 적이 있다
—— 태내(胎內)

 당신은 먼저 화구를 펴고 그 저녁의 공기를 그려 넣기 시작한다 그러곤 구름 속을 서성이는 그늘이 공중으로 내려오고 있는 색과 먼 들판 끝에 서 있는 집 창문이 맑게 떠는 소리들을 그 저녁의 공기에 입혀준다 그러곤 저녁이 오면 입을 벌리고 죽어가는, 비린 벌레 몇 마리를 바람 가운데 홀려준다 벌레의 몸에서 나오는 축축한 물기들을 어떤 빛깔의 내부로 데려갈까 고민한 뒤 붓을 놓고 지그시 눈을 감는 당신은 이제 천천히 어둠이 고인 미끄럼틀 안에서 궁륭처럼 구부러져 자는 소년을 그려 넣기 시작한다 그러면 나는 아직도 사람을 그릴 때는 제일 먼저 눈부터 그려 넣는 습관을 가지고 있다고 당신의 그림을 방해하고 싶지 않다고 조용히 당신의 귀에 대고 속삭인다

 그것은 내가 아직 이 세상에 나오기 전, 부모가 줄곧 나를 상상하며 하던 일이라고 말해주었어야 했다 어둠 속 베게 하나에 나란히 누워, 서로의 얼굴을 손으로 더듬으시며 그려보곤 했을, 나의 눈은 아직 태어나지 않았다 아가 우리는 네가 나오기 전, 없는 너의 눈을 오래 그려보았단다 그리고 우리가

언젠가 네 속으로 돌아가고 나면 너는 우리 눈을 그보다 더 오래 들여다보아야 한단다 죽은 아이를 안고 놀고 있는 부부의 목젖은 음악 속에서 기어 나오고 있는 사람을 닮는다 당신들은 이미 귀신이라는 사실을 그때 말해주었어야 했다

 물속의 등고선들이 노을에 비친다 노을이 바람에 섞여 투명해지는 시간이다 그 시간에 물든 바람의 혈흔을 그리는 사람의 붓은 늘 젖어 있다 당신은 어두운 물감을 녹여 내 눈의 안쪽에 그 저녁의 시간을 그려 넣고 나는 우리의 발밑으로 온 무겁고 딱딱한 그늘 안으로 몇 개의 물기를 그려 넣는다 눈물은 눈의 내장일까 눈 안은 너무 헐렁해서 눈물은 담을 육체가 없다며 웃는다 사랑이라며 당신은 헐렁한 내 손가락들을 만지며 잠든다 우연히도 너는 눈을 뜨고 태어났구나 그런데 확실하게도 너는 먼 훗날 눈을 뜨고 죽을 거야

 바람이 자신을 지울 공간 하나를 찾으려고 당신의 몸 안에서 울고 있다 애야 너도 언젠가 너와 같은 울음소리를 가진 사람을 만난단다 분별할 수 없는 꽃들의 통로처럼 나는 그것

을 어떤 불귀로 그려 넣어야 할까? 그것은 아름다운 물고기의 눈을 보면 쉽게 먹지 못한다는* 인간의 무늬, 계곡에서 자는 사람, 나비의 묘지들, 어둠 속에서 사라져버린 술래, 돌연한 무미(無味), 적막. 언젠가 나는 당신의 잠든 눈을 가만히 만져본 적이 있다고 고백해야겠다 구름의 내부를 천천히 거닐고 있는 나의 붓은 지금 혼수(昏睡)의 상태다 어둠 속에 웅크리고 있는 내 몸 안으로 기어 들어오고 있는 인간 하나 보고 있다면 나는 지금 당신의 눈빛이다

  * 남태평양 섬 일대 원주민들의 관습. 혼인을 하고 나면 그들은 배우자가 떠날까 봐 아름다운 것들을 먹지 않는 습관을 들인다고 한다.

비정성시(非情聖市)*
―― 그대들과 나란히 무덤일 수 없으므로 여기 내 죽음의 규범을 기록해둔다

비 내리는 길 위에서 여자를 휘파람으로 불러본 적이 있는가

사람은 아무리 멋진 휘파람으로도 오지 않는 양이다 어머니를 휘파람으로 불러서는 안 된다 대대장을 휘파람으로 불러서는 안 된다 간호사를 휘파람으로 불러 세워선 안 된다 이것들을 나는 경험을 통해 배웠다 이것이 내가 여기에 들어온 경위다 외롭다고 느끼는 것은 자신이 아무도 모르게 천천히 음악이 되고 있다고 느끼는 것이다 외로운 사람들은 휘파람을 잘 분다 해가 뜨면 책을 덮고 나무가 우거진 정원의 구석으로 가서 나는 암소처럼 천천히 생각의 풀을 뜯을 것이다

나는 유배되어 있다 기억으로부터 혹은 먼 미래로부터.

그러나 사람에게 유배되면 쉽게 병든다 그리고 참 아프게 죽는다는 것을 안다 나는 여기서 참으로 아프게 죽을 것이다 흉노나 스키타인이거나 마자르이거나 돌궐이거나 위구르거나 몽골이거나 투르크족처럼 그들은 모두 유목의 가문이었다 그들의 삶은 늘 유배였고 그들의 교양은 갈 데까지 가보는 것이

었으며 그들의 상식은 죽어가는 가축의 쓸쓸한 눈빛을 기억할 줄 아는 것이었다 그들은 새벽에 많이 태어났고 새벽에 많이 죽었다

 나는 전생에 사람이 아니라 음악이었다 그리고 지금 내가 가장 사랑하는 음악은 그때 나를 작곡한 그 남자다 그는 현세에 음악으로 환생한 것이다 까닭에 나는 그 음악을 들을 때마다 전생을 거듭 살고 있는 것이며 나의 현생은 전생과 같다 나는 다시 서서히 음악이 되어가는 것이다 나는 이 이야기를 간직한다

 예감 또한 음악이다 자신이 한 번도 들어본 적 없는 그러나 자신과 가장 닿아 있는, 자아의 연금술이다 나는 지금 방금 내 곁을 흘러간 하나의 시간을 예감한다 그렇게 생각하고 있을 때 내 생각은 음악이 되고 한 컵의 물이라는 음악을 마시는 동안 어느 먼 초원 스페인 양 떼들의 털을 스친다

 모든 나를 인정하는 순간이 올까? 목이 마르다고. 당신과

함께 사는 동안 여덟 번 말했다

  비 오는 날 태어난 하루살이는 세상이 온통 비만 오는 줄 알고 죽어간다
  비 오는 날 태어나자마자 하수구에 던져진 태아는 세상은 태어나자마자
  하수구 속에서 죽어가는 곳이구나 생각한다 그것은 인간의 일이다 그의 어미는 야산의 둔덕에서 하늘을 보며 빗물로 피 묻은 자궁을 씻고 있다 해가 뜨고 개미들이 어미와 태아의 끈이었던 태를 땅속으로 끌고 간다 나는 망원경을 들고 그것들을 꼼꼼하게 관찰한다 비 온 뒤 축축한 땅에 귀를 대면 누가복음이 들려온다 개미의 저녁 예배를 듣다가 저녁을 굶었다

  나를 견딜 수 있게 하는 것들이 나를 견딜 수 없게 한다 그것들을 이해하지 않기 위해 나에게 살고 있는 시간은 무간(無間)이다라고 불러본다

  내가 살았던 시간은 아무도 맛본 적 없는 밀주(密酒)였다

나는 그 시간의 이름으로 쉽게 취했다

유년은 생의 르네상스다 내가 이슬람교도였다면 나는 하루 여섯 번 유년이라는 메카를 향해 절을 올렸을 것이다 어릴 적 나는 저수지에 빠져 죽을 뻔한 적이 있었다 그때 나는 한순간 너무 많은 것을 겪어버렸다 수중으로 가라앉으면서 바라보던 물 밖의 멀어지던 빛, 그것을 상상할 수 있는가? 학교에 가지 않고 물속에서 손바닥을 펴 죽은 새들을 건져 올리며 나는 그 열락을 기억해냈다 중학교에 들어가서까지 어머니의 젖맛이 기억나지 않아 나는 새벽에 자고 있는 어머니의 가슴을 물어본 적이 있다

내 고통은 자막이 없다 읽히지 않는다

모든 사진 속에는 그 사람이 살던 시절의 공기가 고여 있다 따뜻한 말 속에 따뜻한 곰팡이가 피어 있듯이 모든 영정 속에 흐르는 표정은 그 사람이 지금 숨 쉬고 있는 공기다 영정을 보면서 무엇인가 아득한 기분을 느낀다면 내가 그를 느끼고

있는 것이 아니라 그 사람이 지금 이곳을 느끼고, 기억해내기 위해, 안간힘을 쓰며 애쓰고 있기 때문이다 그것이 이쪽으로 전해지는 것이다 나의 영정엔 어떤 공기가 흐를까? 이런 생각을 할 때 내 두 눈은 붉은 공기가 된다

　사진 속으로 들어가 사진 밖의 나를 보면 어지럽다.
　시차(時差) 때문이다

　죽었다고 생각하는 순간, 나는 나의 얼굴을 기억하지 못할 것 같다
　너무 많은 죽음이 필요했기에 당신조차 들여다보지 않는 질서 속으로 나는 걸어가고 있다

　방 안의 촛불이 눈 속에 공기를 모두 연소하고 있다
　촛불은 다른 불빛들과 이웃하지 않는다. 이것이 촛불이 밤에만 피는 까닭이다

　1976~? 나와 생멸을 같이할 행성이 있다고 믿는다 그것은

나의 에테르다

　수음을 하는 동안 몇천 년 나는 늙어간다
　수음을 하는 동안 나는 나라는 문명이 슬프다

　너와 내가 뜨겁게 안는 순간 문득 우리가 죽는다면 몇천 년이 지나 우리는 화석이 될 것이다 그리고 후세 사람들은 박물관에서 신기하다는 듯이 우리를 만질 것이다 거칠고 딱딱한 질감에는 슬픔이 담기지 않는다 이것이 나의 분노다 나는 비로소 천 년이 지나 사람들이 우리를 만질 때 돌 밖으로 눈물을 흘릴 것이다 그것은 너와 나 사이의 야만이다

　기억의 속도는 빛의 속도보다 빠르다

　사랑하는 사람과 헤어지는 일이란 한 번 자살하는 것과 같다 익숙했던 모든 것들과 생이별하는 것이다 저승을 두려워하는 것은 그곳의 모든 것이 내가 사랑하던 것이 아니기 때문이다 나는 낯선 곳에서 잠을 잘 자지 못한다 낯선 곳에서 자는

일이란 저승에서의 하룻밤과 같다 사람은 그 사람이 살아온 생에 다름 아니므로 사랑하는 사람과 헤어지는 일이란 내가 한 번 자살하는 것이다 내가 아는 칸은 이렇게 말했다 그것이 빛의 속도보다 빠르게 다가올 때가 있다

바람이 한 페이지의 얼굴을 넘기며 간다 동풍은 과묵하다 불안은 자기표현의 정직한 양식이다 내가 매일 맞는 주사는 동쪽에서 불어오는 바람과 같다.

간밤에는 부대를 빠져나와 대원들과 어울려 무덤을 팠다 삽 날이 두개골에 닿았을 때 나는 낙타를 떠올렸다 사막을 가다가 모래처럼 허물어졌을 낙타, 10리 밖에서는 사람 냄새가 났다 무덤에 묻혀 있던 그의 뼈를 구워 점을 쳤다 그는 은(殷)나라 사람이었다 시를 썼고 세상을 돌아다니며 절벽만을 그리는 화가였다 꿈은 어떤 지도에도 나와 있지 않은 유배지다

저 자신의 내면을 도굴하는 것이 꿈이라면 사람들은 꿈이라는 실형을 살고 있는 셈이다 위험한 짓인 줄 알면서도 사람들

은 그곳을 다녀올 때마다 다른 비석(飛石)을 세우고 온다 그리고 거기서 데려온 기억의 비문을 문득 추억이라 부른다

　기억이란 인간의 두번째 생이다 인간은 기억을 기다릴 뿐 기억을 소유할 수 없다 모든 기억은 불구이기 때문이다

　하늘은 지금 분홍천(川)이다 저녁만 되면 병동의 사람들은 예배처럼 창을 열고 저 노을을 가슴에 버린다 창살을 통해 마지막일지 모를 일몰을 바라보며 쓴 사형수의 수기보다 더 아름다운 시(詩)는 아직 없다 그것은 죽어가는 자의 음악이기 때문이다 나는 죽어가는 것들에게서 나오는 음악을 베토벤이라고 누군가에게 고백한 적이 있다 베토벤은 저 자신이 음악이었다 그는 음악을 만들지 않았다 그는 절박했을 뿐이다

　사람으로 태어나서 귀신이 되는 생도 있겠으나 귀신으로 태어나 자신이 죽은 줄도 모르고 이 세상을 살다가 어느 날 자신도 모르게 사라져버리는 생들이 있다는 것을 믿는다 그 음악을 향해 나의 원시는 바쳐진다 이렇게 시작하는 시(詩)를

쓰고 싶어질 때가 있다

 빛을 보아서는 안 될 운명을 가진 뱀파이어 부부가 죽기 전 스스로 햇볕 아래로 기어가 서로 끌어안고 부서진다 단 한 번 빛을 보기 위해 그토록 많은 피가 필요했던 것이다

 나는 누가 뭐래도 수천 번의 밤을 경험했다
 나는 밤에 태어났고(T) 밤에 자랐으며(T) 밤에 시를 썼다(T) 이 사실만으로도 지구에서는 아득할 만하다(F) A=A-

 지구에서는 시인의 별이 보이지 않는다 그러나 시인의 별에서는 지구가 보인다

 사이다에 지렁이를 한 움큼 담그고 마셔버린 나의 이종삼촌은 자신이 목성에서 왔다고 했다 지금도 나주 백병원에 가면 고모할머니가 가져다 준 한약 봉지를 하나씩 개수구에 버리고 있다 자신을 죽이려 한다고. 삼촌은 이제 마흔이 다 되어 무섭게 음식만을 탐하는 사람이 되었다 그는 지구에 와서 배운

것이 휘파람뿐이라고 했다 전남대학교 천문학과 83학번을 수석으로 입학한 삼촌은 휘파람을 잘 불었다 그 삼촌과 나는 어릴 적「로보캅2」를 함께 보고 나란히 화장실서 로보캅처럼 오줌 누던 기억이 있다

 아침마다 눈을 뜨면 마른 사타구니를 만지며 괴롭다 내게서 꿈이라는 혐의를 빼면 대체로 나는 무죄이다 내가 이곳에 있어야 할 이유가 없는 것이다 이런 생각을 하며 복도를 돌아다니다가 생이 끝장날 것 같다 "개자슥 엄마를 불러!" 면회 온 엄마를 불렀다고 고막이 터지게 맞던 나의 아름다운 후임병 (99-71002665)은 누구에게나 거짓말이 늘어갔다

 달 뜬 밤 기숙사 창틀에 앉아 비누를 갉아 먹다가 실려 온 저 대책 없이 아름다운 옆방 소녀는 밤마다 쥐가 된다 하수구에서 시궁쥐처럼 발견되었을 때 사람들은 아무도 소녀에게 인공호흡하지 않았다 소녀의 흰 발목과 소녀의 살짝 드러난 하얀 허리 사이에는 시커먼 털들이 무성했다. 젖은 바지는 그 무참함을 가릴 수 없었다. 소녀는 얼굴이 하얗게 질려 벌벌

떨고 있었다. 그녀의 아름다움은 무성한 허벅지 털의 색감과 질감까지 포용할 수는 없었다. 소문처럼.

  방이 좁아서 더 이상 양 떼를 부를 수 없다 서랍과 옷장에도 양 떼가 꽉 찼다 내 양들은 물갈퀴를 달았다

  어느 날 망막을 마개처럼 따 올리면 수천 통의 필름이 눈 밖으로 줄줄 흘러나올 것이라 믿는다 눈 안으로 빛이 들어가지 않고 있기 때문에 필름은 눈 속에 살아 있다 빛이 눈을 아프게 하는 건 눈은 깊고 어두운 성이기 때문이다 아침에 나는 커튼을 치지 않는다 병실은 늘 어둡다

  한 번도 꽝꽝 언 하늘에 연(鳶)을 날려보지 않은 사람과 나는 놀지 않았다
  찬송가를 백 곡 이상 안다고 하는 사람과는 나는 노래 부르지 않았다
  부모의 주민등록번호를 줄줄이 암기한다는 사람과는 돈거래하지 않는다

그는 내게 불효를 할 게 뻔하기 때문이다

릴케의 뜨거운 서시(序詩)를 앞에 놓고 자위를 해본 적 있는 사람이라면

사랑은 그대라는 성(城)안으로 들어가 평생 시만 쓰며 살겠다는 것임을 이해할 수 있는 사람이다 한 번도 나는 그런 사람을 살아보지 못했다

내가 아는 한 칸은 자신이 사랑하는 한 여자를 살리기 위해 소설에 주술을 걸어 그녀를 구할 것이라고 했다 칸은 매일 비명처럼 살아갔다 우리는 절박하게 부패해가는 생의 오류만을 시라고 불렀다 칸의 파오**를 찾아가지 못한 지 오래다 나는 칸과 자고 일어났을 때 목 졸라 죽이고 싶은 적이 몇 번 있었다 우리에게 생을 증거하는 것은 고통뿐이었지만 우리의 면죄부가 고통 그 자체일 순 없었다 이렇게 말하고 나면 우리는 근사한 기분이었다 칸과 나는 자웅동체처럼 웅크리고 자는 습관이 있다 배춧잎 같은 이불 위에서 깨어나면 그와 나는 SAM이 된다 현실은 죄지은 것도 없이 우리가 매일 써야 하는 삶의 조서다 우리는 붙어서 걸었고 매일 고개를 숙이고 조서를

썼다 이렇게 말하고 나면 죄짓는 기분이다

 마크툽!*** 기억의 피라미드여 굳건하라 어떤 나든 함부로 파들어가면 묻힐지니 기억은 다 해독하면 곧 달아나야 한다 금방 돌이 떨어지고 벽이 갈라지고 무너지기 때문이다 나는 기역(氣驛)이 무섭다

 바람은 내가 알지 못하는 시간 속으로 유배된 자들이 내게 띄우는 편지다 잠이 오지 않는 밤 나는 창을 열고 침대 밑으로 기어 들어가 그 편지를 읽는다 로비에서 소녀는 달력을 보기를 좋아했다. 그녀의 환자복을 파고들어 배를 부풀리던 바람은 어디서 온 편지일까?

 소녀는음력달이완전히찼을때어두운계단입구에서혼자아이를낳았다내가그녀쪽으로조용히걸어갔을때그녀는거의움직일수없을만큼지쳐있었다너무어두웠기때문에내가누구인지도그녀는확인할수없는상태였다한손에는태를자른과도가힘없이쥐여있었다나는그녀에게다가오는그림자였고그녀도내가보지못

한 그림자를 가진 채 누워 있었다 아이는 울지 않았다 나는 그 아이를 안고 내방으로 천천히 걸었다 그녀가 손을 뻗어 잠깐 동안 무엇인가 알 수 없는 알타이어를 중얼거렸지만 이윽고 그녀는 조용히 벽에 비친 내 그림자만 만지고 있었다 나는 그 아이의 몸에 밴 어머니의 피를 젖 대신 먹였다 새벽엔 가축의 젖을 물렸다 아이의 몸에선 라일락 향이 났다 사람들의 눈을 피하기 위해 나는 아침에 아이를 머리부터 천천히 삼켰다 저녁이면 뱉어내서 다시 쥐의 젖을 물렸다 아이는 내 안의 굴에서 낮에는 박쥐처럼 거꾸로 매달려 잤고 밤엔 내가 읽어주는 나의 시를 들었다 아이는 조금씩 눈이 멀어 갔다 아이가 다 자랐을 때 나는 갈매기의 혼을 넣어주었고 아이는 말의 몸을 빌려 달력의 초원으로 달려갔다 아이가 떠나기 전 내게 당신 시는 영하라고 했다 나는 아이가 떠난 후 쓸쓸해서 몽골어를 배워보려고 했지만 곧 그만두었다 달력에서 쏟아지는 눈으로 방이 얼었다

눈물은 자기 안의 빙하가 녹는 것이다 차가워지려면 뜨거워지는 헤엄부터 배워야 한다 뼈의 길을 찾아들어 섬광을 남기는 보검처럼. 칼은 뜨거우면서 차갑기 때문에 멀고 깊은 곳까지 흐를 수 있다 밖으로 나오는 울음은 뜨거워서 타인의 마음

을 베지만 안으로 우는 울음은 자신을 베기 때문에 차갑다 눈물은 제 안의 썩고 있는 어류(魚類)들이다

하늘은 스콜라 철학처럼 흐른다 구름은 제3의 물결이다 바람은 바카디151처럼 독하다 나무들은 루마니아 전설처럼 고요하다 숲은 한물간 산부인과처럼 조용하다 안개는 논리가 없고 태양은 실천 중이고 호수는 냉소적이다 먹어야 할 알약은 베이컨적이고 경험하지 못한 진실은 아직 내 앞에 평등하고 헤겔보다 나는 기도를 잘할 수 있고 내 기도가 더 형이상학적일 수 있고 1999년 6월 진해부두에서 감전돼 죽은 이 병장보다 돌계단은 차갑다 신은 관념을 품어서는 안 되고 나는 코펜하겐에서 태어나지 않았지만 내가 코펜하겐이라는 음악을 생각하는 동안 나는 코펜하겐이 되고 나는 불합리하기 때문에 무엇인가를 믿는다 설명할 수 없고 설명할 수 없기 때문에 나는 쓰고 설명하지 않기 위해 나는 울고 설명할 수 없는 것이 나의 유산이다 아무도 알 수 없는 외국어가 나고 나를 제대로 발음하고 나를 가지고 소통할 수 있다고 하는 사람은 자신을 속이는 것이다 나는 슬픔에 부상당했고 가난에 고문받았고 종

교에 암살당했고 밤마다 임 병장의 자지를 만져주며 살아남았고 대신 매일 시로 자살했고 시로 미(美)를 매혹시켰다

　방에 침을 퉤퉤 뱉는 또 한 마리 모기의 목을 땄다 모기의 뇌(腦)를 먹으면 장수한다는 중국 전설을 믿고 병 속에 모아놓은 모기의 머리들을 들고 소녀의 방문 앞에 놓았다 열쇠 구멍으로 소녀가 내 뒷등을 보고 있는 것이 느껴졌다

　내가 죽으면 너는 꼭 나를 해부해야 한다 내 가슴을 절개하면 누구 말대로 내 가슴에선 수억의 인류들이 피에 뜬 채 죽어 있을 것이다

　죽이고 싶은 버전이 몇 있다
　너무 아름다운 시를 썼기 때문에 죽이고 싶은 버전이 있고
　너무 시를 아름답게 보기 때문에 죽이고 싶은 버전이 있다
　굴욕을 연민하는 시인은 제 자신의 삶이 한 권의 시집이어야 하고 그 시집은 자아의 병동이어야 한다 그것이 나의 버전이다

시인은 신이 놓쳐버린 포로다 그러나 포로는 늘 프로다

내가 가진 유일한 능력은 너와 다르다는 것이다 내가 졌다! 라고 쓰는 것은

단지 이길 수가 없었기 때문만은 아니다 나는 너와 다르다는 이유로 이곳에 산다

그것이 너한테 꽤 중요한가 보다

잠자는 동안 창밖에서 수천 개의 붉은 눈알들이 나를 내려다본다는 것을 안다 손가락을 다 써버리고 잠든 밤, 내 몸을 빠져나온, '내가' 배 위로 올라타서 두 눈을 뽑고 있는 것을 안다 눈을 빼앗기지 않기 위해 나는 늦은 아침까지 눈을 뜨지 않는 버릇이 있다 그가 다시 내 속으로 들어오고 나면 나는 겨우 눈을 떠 등바닥에 시퍼런 핏물이 지나가는 것을 느낀다

나는 국적 없는 전쟁을 치르고 있는 병사다 나는 7월의 클라이맥스를 안다

나는 7월에 태어났기 때문에 7월의 음악들을 들으면서 죽어갈 것이다 내 유서는 7월 위에 쓴 나라는 시 한 줄뿐이다 내

가 죽으면 세상의 7월은 수장될 것이다

  나는 이런 것들을 느낀다
  몇백 마일 떨어진 곳에서 마리아 상이 눈물 흘린다
  몇백 마일 떨어진 곳에서 차에 치인 사람이 바닥에서 천천히 눈을 감는다
  몇백 마일 떨어진 곳에서 장례식차 타이어에 바람이 빠지고 있고
  몇백 마일 떨어진 늪에서 얼룩말이 악어 입속으로 천천히 들어가고 있다
  몇백 마일 떨어진 전깃줄 위에 사람 하나 새들 사이에 끼어 날개에 고개를 파묻고 앉아 있고
  몇백 마일 떨어진 창 속에서 누군가 탈고를 막 끝내고 숨이 멎었다
  몇백 마일 떨어진 곳에서 저승사자들이 지하철을 타고 이쪽으로 오고 있고
  몇백 마일 떨어진 곳에서 자신의 출생을 알고 찾아온 아들이어서 돌아가기를 바라는 어미는 초조하게 거실을 서성거린다

몇백 마일 떨어진 골목의 대문 앞에서 누군가 나처럼 서성거리고

오늘, 음악은 참 희곡 같다

그날 밤 나는 꿈을 꾸었다

나는 꿈속에서 어떤 호숫가에 앉아 있었는데 저 멀리서 상여를 메고 일단의 사람들이 다가오고 있었다. 그런데 이상하게도 그 사람들이 상여를 메고 호수의 차고 푸른 물속으로 들어가는 것이었다. 그들이 그곳으로 들어가면 모두 죽을 것이었다. 나는 알 수 없는 공포를 느끼며 안 된다고 그들에게 소리쳤다. 그런데 그들은 내 목소리를 전혀 듣지 못했다. 나는 고래고래 소리쳐 불렀지만 그들에게서 냄새처럼 퍼져 나오는 음악이 내 목소리를 그들에게 전혀 전달해주지 못했다. 그들은 한 명 한 명씩 물속으로 잠겨갔다. 그러다 문득 나는 상여를 메고 물속으로 들어가고 있는 그들 모두의 얼굴이 내 자신의 얼굴이란 것을 깨달았다. 그들은 전부 눈동자가 없었다. 그러자 갑자기 나는 상여 속의 망자가 누군지 궁금해졌다. 나

는 그들에게 달려가 상여를 덮고 있는 꽃천을 헤치고 관 뚜껑을 열어 보았다. 그곳에 나의 어머니가 누워 있었다. 한 그루 나무뿌리처럼 뻣뻣하고 말이 없었다. 목이 잘린 어머니는 자신의 머리가 아닌 내 머리를 옆구리에 단정히 끼고 있었다. 나의 얼굴이 어머니의 웃음을 가지고 있었다. 물 밖에서 한 무리의 사람들이 울고 있었다. 난생처음 나는 나의 울음을 타인의 입을 통해서 들었다.

* 비정성시(非情聖市): 중국 춘추전국시대에서 유래된 성어로 비정하고 성스러운 도시라는 뜻을 담고 있으나 대만 감독 허우샤오셴이 1989년 영화(원작소설「悲情城市 A City of Sadness」)로 만들어 사람들에게 알려짐.
** 파오: 유목민들의 거주지.
*** 마크툽: '그건 내가 하는 말이 아니라 이미 쓰여 있는 말이다'라는 뜻의 아랍어.

그러나 어느 날 우연히
── mf

 당신과 내가 한 번은 같은 곳에 누웠다고 하자 당신의 혀를 만지며 눈을 뜨고 주머니 속에서 나의 아름다운 유리알들을 꺼내 보여주었을 텐데 긴 사슬을 물에 풀고 떠나는 해 질 녘의 외항선처럼 내항의 흐름을 잃어버리는 시간, 내가 들어가서 객사한 창(窓), 남몰래 당신의 두 눈을 돌려주어야 할 텐데

 이 내막으로 나는 제법 어두운 모래알들을 가지고 노는 소년이 될 줄 알았다
 그 적막한 야만이 당신이었다고 하자 생의 각질들을 조금씩 벗겨내는 언어라는 것이 먼저 인간을 기웃거리는 허공을 보아버렸음을 인정하자

 새들이 간직한 미로를 가지고 싶었으나 그들이 유기해버린 바람의 지도는 밤에 조용히 부서진다 한 인간을 향한 시간의 내피가 인연이 된다면 한 마음을 향한 나의 인간은 울음인가 그 내피들이 다 대답이 되었다고는 말하지 말자

 그러나 어느 날 우연히 배가 도착했다고 하자 언어란 시간

이 몸에 오는 인간의 물리(物理)에 다름 아니어서 당신과 내가 한 번은 같은 곳에 누웠다가, 울고 갔다고 적어두자

|해설|

불가능한 감수성

이 광 호
(문학평론가)

시적 퍼포먼스

2000년대의 시단에서 김경주의 등장은 돌발적이고 뜨거운 사건이라고 불러도 좋을 것이다. 그 돌발성의 내용은 이렇게 말할 수 있다. 그의 시는 2000년대의 젊은 시인들의 반서정적인 전위적인 흐름 속에 놓여 있으면서도 한편으로는 낭만적인 것의 광휘를 거의 '폭력적인' 수준으로 드러내고 있었다. 그의 시는 연극과 미술과 영화의 문법을 넘나드는 다매체적인 문법과 '탈문법적인' 언어의 범람, 그리고 낭만적 감수성의 극한에서 그것이 어떻게 폭발하고 다른 차원으로 넘어가는 지를 극적으로 보여주는 텍스트다. 그의 첫 시집 『나는 이 세상에 없는 계절이다』가 보여준 것은 그 낭만적 기원에도 불구하고 '세계의 자아화'라는 서정적 논리를 따라가는 것이 아니라, 그 서정적 논리

자체가 내파되는 언어적 퍼포먼스를 연기한다는 것이다.

> 양팔이 없이 태어난 그는 바람만을 그리는 화가(畵家)였다
> 입에 붓을 물고 아무도 모르는 바람들을
> 그는 종이에 그려 넣었다
> 사람들은 그가 그린 그림의 형체를 알아볼 수 없었다
> 그러나 그의 붓은 아이의 부드러운 숨소리를 내며
> 아주 먼 곳까지 흘러갔다 오곤 했다
> 그림이 되지 않으면
> 절벽으로 기어올라가 그는 몇 달씩 입을 벌렸다
> 누구도 발견하지 못한 색(色) 하나를 찾기 위해
> 눈 속 깊은 곳으로 어두운 화산을 내려보내곤 하였다
> 그는, 자궁 안에 두고 온
> 자신의 두 손을 그리고 있었던 것이다
> ─「외계(外界)」 전문

시집의 맨 앞에 자리 한 이 시는 김경주의 시론 혹은 창작 방법론의 면모를 드러내준다고 할 수 있다. 여기서 예술가는 두 가지 조건에서 출발한다. 우선은 "양팔이 없이 태어"났다는, 장애 혹은 불구의 조건이 있다. 다른 하나는 '바람'을 그리기 때문에, "사람들은 그가 그린 그림의 형체를 알아볼 수 없었다"라는 조건, 그 형태를 인식할 수 없는 어떤 것을 그리기 때문에 이해받기 어렵다는 조건이 있다. 이런 예술가의 초상은 아마도 낭만

주의 시대와 모더니즘 시대의 저주받은 예술가의 초상을 결합한 것이라고 볼 수 있다. 그의 불구와 그의 사회적 소외와 그의 구도적 자세는 모두 어떤 전형적인 예술가의 초상과 일치한다고 볼 수 있다. 그러나 이 시에서 이런 예술가의 면모를 다른 차원으로 진입시키는 것은, 그가 그리려고 하는 것이 무엇인가를 드러내는 마지막 진술의 힘이다. 예술가가 궁극적으로 그리려고 하는 것이 "자궁 안에 두고 온 자신의 두 손"일 때, 그것은 두 가지 시적 맥락을 동시에 함유한다. 우선 하나는 그가 그리는 것은 결국 '실재하지 않는 것' '그릴 수 없는 것'이라는 것이고, 따라서 그의 예술 행위는 불가능성에 대한 추구에 이른다. 또 하나는, 아마도 이것이 더 중요할 수 있을 텐데, 그림을 그릴 수 있는 손이 그림의 대상이 된다는 것이다. 자신의 외부에 있는 사물을 그리는 것이 아니라, 그 외부를 표현할 수 있는 자신의 신체를 그린다는 것, 그리고 그 신체는 이미 없는 신체라는 것, 이것이 이 시를 낭만적 예술가의 초상으로부터 다른 차원으로 옮겨놓는다.

여기에서 김경주 시의 두 가지 중요한 출발점이 포착된다. 시는 불가능성에 대한 추구라는 것, 다시 말하면 쓸 수 없는 것을 쓰는 것이 시라는 것, 다른 하나는 시는 시를 가능하게 하는 매체에 대한 시라는 것, 시는 결국 부재하는 언어에 대한 언어라는 것, 이 지점에서 김경주의 시는 낭만적 포즈를 뛰어넘어 부재하는 언어에 대한 시적 퍼포먼스 차원에 도달한다. 이 시의 제목이 '외계'인데, 그것은 바깥 세계라는 의미에서의 낭만적 지향을 포함하지만, 그 지향이 자기 몸의 부재하는 일부일 때, 그 외계는 단지 내부에 대한 외부가 아니라, 내부에서 찾아가는 외부라는 시적 맥락을 동시에 포함하게 된다. 중요한 것은 그리는 내용 혹은 결과가 아니라, 그리는 행위이며, 그 행위의 불가능성이며, 불가능성의 시적 가능성이다.

> 저 목련의 발가락들이 내 연인들을 기웃거렸다
> 이사 때마다 기차의 화물칸에 실어 온 자전거처럼
> 나는 그 바람에 다시 접근한다
> 얼마나 많은 거미들이
> 나무의 성대에서 입을 벌리고 말라가고 서야
> 꽃은 넘어오는 것인가
> 화상은 외상이 아니라 내상이다
> 문득 목련은 그때 보인다
>
> 이빨을 빨갛게 적시던 사랑이여
> 목련의 그늘이 너무 뜨거워서 우는가
>
> 나무에 목을 걸고 죽은 꽃을 본다
> 인질을 놓아주듯이 목련은
> 꽃잎의 목을 또 조용히 놓아준다
> 그늘이 비리다 ──「木蓮」 부분

외형적으로 이 시는 서정시의 1인칭 주체인 '나'와 시적 대상인 '목련' 사이에서 구축되는 것처럼 보인다. 그렇게 이해할 때, '목련'은 1인칭 주체의 서정적 동일성이라는 맥락에서 설명되어야 한다. 그런데 이 시에서 '나'와 '목련'의 관계는 그런 동일성의 맥락에 그치는 것이 아니다. "문득 목련은 그때 핀다" 혹은 "문득 목련은 그때 보인다" 같은 문장들이 반복됨으로써, '목련'은 어떤 순간의 이미지를 보여준다. '문득'이라는 부사의 반복이 암시하는 것처럼, 그 순간은 갑자기 도래한다. 다시 말하면, '목련'은 '나'의 내면적 상태의 등가물이 아니라, '내'가 문득 마주하는 어떤 다른 '시간'의 이름이다. 그 시간은 아마도 삶의 다른 계기, 혹은 삶의 다른 기미를 대면하는 순간일 것이다. 그 순간 앞에 "인연을 맺는 일 또한 슙하다" "화상은 외상이 아니라 내상이다" 같은 내적 진술의 문장들이 놓여 있는 것은 우연이 아닐 것이다. 그 단정적인 진술들은 김경주 시의 1인칭 주체의 진술의 권위를 보장하는 것처럼 보이지만, 반드시 그런 것은 아니다. 오히려 그런 진술들을 가능하게 하는 것은 1인칭 시적 주체의 서정시적 권위가 아니라, 외부로부터 도래하는 '목련'의 시간이다. '목련의 그늘'은 1인칭 주체의 존재론적 조건이다.

　1인칭 주체와의 동일성으로 환원될 수 없는 '목련'의 위치를 극적으로 보여주는 것은 마지막 연이다. 첫 문장은 1인칭 주체가 "죽은 꽃을 본다". 이때 시선의 주체는 1인칭 주체이며, 대상은 목련이다. 아주 일반적인 서정시적 상황이다. 두번째 문장의 주어는 목련이다. 목련은 "꽃잎의 목을 또 조용히 놓아준다". 이 문장에서 동사의 주어는 '목련'이 된다. 세번째 문장에서는 제3의 주어가 등장한다. 바로 '그늘'이다. '비리다'는 형용사이다. '비리다'는 맛이나 냄새에 관련된 형용사이기 때문이다. 이 문장의 숨은 주체는 그런 감각을 느끼는 주체일 것이다. 그 감각의 주체는 이 시의 1인칭 주체일까? 아니면 목련일까? 이렇게 숨어 있는 주체의 모호성은 이 시의 마지막 문장의 주어인 '그늘'의 지위를 강화시킨다. 여기서 그늘은 1인칭도 3인칭도 아닌 '비인칭'적 존재로서의 또 다른 익명적인 주체의 자리를 암시한다. 그때 이 시는 서정적인 동일성의 구조로부터 전혀 다른 공간을 만들어낸다.

여기서, 이 시의 초반부에 등장하는 "자취(自取)"라는 단어에 주목해보자. "마루에 누워 자고 일어난다/12년 동안 자취했다" "이 세상에 그늘로 자취하다가 간 나무와/인연을 맺는 일 또한 습하다"에 두 번 등장하는 이 단어의 사전적 의미는 '자기 스스로 만들어 그렇게 되다'라는 것이다. 이 두 문장에서 '자취'의 주어는 상당히 모호하다. 앞의 '자취'를 둘러싼 숨은 주어가 1인칭 '나'라고 추정해본다 하더라도, 두번째 문장에서 "그늘로 자취하다가 간 나무"라는 표현은 의미론적으로 모호하다. 이 시에서 '나'와 '목련'은 시적인 관계를 맺고 있지만, 그것은 주체와 대상, 자아와 타자의 관계에 한정되지 않는다. 이 시에서 '자취'는 '나'와 '목련'과 '그늘'에 모두 해당되는 것이면서, 또한 그것들 사이에서의 다른 존재의 가능성에 열려 있다. '자취'

에서 중요한 것은 주어의 문제가 아니라, 결국 시간의 문제일 것이다. 그 목련의 시간은 다음 시에서의 '저녁의 시간'과 비교될 수 있다.

밀물이 번지는 염전을 보러 오는 눈들은

저녁에 하얗게 증발한다

다친 말에 돌을 놓아

물속에 가라앉히고 온 사람처럼

여기서 화폭이 펴지고 저 바람이 그려졌으리라

희디흰 물소리, 죽은 자들의 언어 같은,

빛도 닿지 않는 바닷속을 그 소리의 영혼이라 부르면 안 되나

노을이 물을 건너가는 것이 아니라 노을 속으로 물이 건너가는 것이다

몇천 년을 물속으로 울렁이던 쓴 빛들을 본다

물의 내장들을 본다　　　　　　　──「저녁의 염전」 부분

　외형적으로 서정시적 면모를 보여주고 있지만, 염전과 시적 자아와의 관계는 단순하지 않다. 이 시의 문장들은 대개 염전을 둘러싼 진술들이라고 할 수 있지만, 그 진술의 주체로서의 1인칭 화자의 존재는 거의 모습을 드러내지 않는다. 진술의 주체는 존재감을 잘 드러내지 않고, 시는 염전 자체의 이미지를 전경화한다. 그럴 때 이 시의 문장들의 주어는 대개 사물과 풍경 그 자체가 된다. "노을이 물을 건너가는 것이 아니라 노을 속으로 물이 건너가는 것이다"라는 문장에서 '노을'과 '물'의 관계보다 중요한 것은, 노을과 물의 관계가 전면에 드러나면서 1인칭 화자의 존재는 후경화되는 사태이다. 이 시의 마지막 문장 "물의 내장들을 본다"에서 본다라는 동사의 주체는 그 인격적 주체의 면모가 거의 드러나지 않는다. 오히려 "염전을 보러 오는 눈들"과 "다친 말에 돌을 놓아∥물속에 가라앉히고 온 사람" 같은 존재들의 출물이 더욱 두드러진다. 그것은 이 시 전체를 구성하는 언어들이 "죽은 자들의 언어"와 유사하다는 것, 혹은 이 시의 담화 주체가 살아 있는 인격적 동일성을 구성하고 있지 않다는 것을 의미한다. 첫 문장 "죽은 사람을 물가로 질질 끌고 가듯이∥염전의 어둠은 온다"라고 했을 때, 이 시의 내적 풍경은 이미 완성되어 있던 것이라고 할 수 있다. '물의 내장'을 볼 수 있는 것은 바로 그런 죽은 자들의 언어와 비인칭적인 익명의 시선을 경유해서이다. 김경주의 시가 그 낭만적 도약에도 불구하고 서

정시의 미학으로 환원되지 않는 것은, 그의 시적 퍼포먼스가 하나의 인격적 동일성으로 귀결되지 않는 낭만적인 것의 내파를 보여주기 때문이다.

불가능한 음악

김경주의 첫 시집에서 '음악'과 관련된 단어와 이미지를 쉽게 만날 수 있는 것은 우연이 아닐 것이다. 김경주의 시에서 '음악'이란 하나의 시적 모티프이고 이미지이면서, 그의 시가 지향하는 어떤 극단의 경지이다.

> **그리고 하나의 시간**
> 만삭의 물고기들은 물속에서 어른거리는
> 환영을 따라 날고 물이 져 나르는
> 그늘의 부력 안에서
> 배는 물의 무늬를 닮는다
> 배의 환영을 알아보고 등대는 문득 입김을 불고
> 바람의 장례를 치르는 관습은 음악이 되었다
> 행주가 상을 문지르듯 배가 쓰윽
> 들어오고 있다
> 하나의 개념이 최초의 시간에 정박한다
> ──「봉인된 선험」 부분

음악은 하나의 매체, 장르가 아니라, 하나의 시간 혹은 최초의 시간의 다른 이름이다. "바람의 장례를 치르는 관습"이 다른 차원의 시간을 불러들이는 주술적인 의례 같은 것이라면, 음악은 그런 시간에 대한 의례라고 할 수 있다. '봉인된 선험'이라는 이 시의 무거운 제목이 부분적으로 암시하는 것처럼, 그런 의례, 그런 퍼포먼스는 경험적인 지각에 앞서는 어떤 개념이 정립되는 순간이며, 그 순간이야말로 음악이 인도하는 "최초의 시간"인 것이다.

 외롭다는 것은 바닥에 누워 두 눈의 음(音)을 듣는 일이다 제 몸의 음악을 이해하는 데 걸리는 시간인 것이다 그러므로 외로움이란 한생을 이해하는 데 걸리는 사랑이다 아버지는 병든 어머니를 평생 등 뒤에서만 안고 잤다 제정신으로 듣는 음악이란 없다

 지구에서 떠올라온 그네 하나가 흘러다닌다 인간의 잠들이 우주를 떠다니는 동안 방에서 날아와 나는 그네를 탄다 내 눈 속의 아리아가 G선상을 떠다닐 때까지, 열을 가진 자만이 떠오를 수 있는 법 한 방울 한 방울 잠을 털며

 밤이면 방을 밀고 나는 우주로 간다
──「우주로 날아가는 방 1」 부분

 '방'과 '우주' 사이의 상상적 공간을 구축하는 이 시에서, "두 눈의 음(音)" "제 몸의 음악" 같은 표현들은 '음악'을 삶의 실

존적 개별성에 밀착된 개념으로 만든다. 음악은 '지하 방'들이 그런 것처럼, 개개인의 생 자체가 실려 있는 어떤 것이다. 그런데 "제 정신으로 듣는 음악이란 없다"라고 말할 때, 그 음악은 '제 정신'의 세계를 넘어서 있는 것, 이성적인 논리를 넘어서는 경험이다. 음악은 경험과 이성의 세계와는 다른 차원의 언어이며, 그 언어는 개인의 생과 몸의 개별성에 밀착된 것이다.

외로운 날엔 살을 만진다

내 몸의 내륙을 다 돌아다녀본 음악이 피부 속에 아직 살고 있는지 궁금한 것이다

열두 살이 되는 밤부터 라디오 속에 푸른 모닥불을 피운다 아주 사소한 바람에도 음악들은 꺼질 듯 꺼질 듯 흔들리지만 눅눅한 불빛을 흘리고 있는 낮은 스탠드 아래서 나는 지금 지구의 반대편으로 날아가고 있는 메아리 하나를 생각한다
나의 가장 반대편에서 날아오고 있는 영혼이라는 엽서 한 장을 기다린다

오늘 밤 불가능한 감수성에 대해서 말한 어느 예술가의 말을 떠올리며 스무 마리의 담배를 사 오는 골목에서 나는 이 골목을 서성거리곤 했을 붓다의 찬 눈을 생각했는지 모른다 고향을 기억해낼 수 없어 벽에 기대 떨곤 했을, 붓다의 속눈썹 하나가 어딘가에

떨어져 있을 것 같다는 생각만으로 나는 겨우 음악이 된다
　　　　　　　　　　　　　　　—「내 워크맨 속 갠지스」 부분

　이 시에서도 음악은 개별적 인간의 몸속에 살고 있는 어떤 것이다. "붓 다의 찬 눈"과 "붓다의 속눈썹"이라는 종교적 이미지가 등장하지만, 그 종교적인 뉘앙스는 특정한 종교적 세계관에 의지하고 있다기보다는 음악이라는 이름의 "불가능한 감수성"을 향한다. 음악은 "귓속에 몇천 년의 갠지스"와 "죽은 자들이 강물 속에서 꾸고 있는 꿈 냄새"를 데리고 온다. 음악은 그렇게 "나의 가장 반대편에서 날아오고 있는 영혼"이며, 그 영혼을 상상할 수 있을 때, '나'는 혹은 '시'는 "겨우 음악이 된다". 김경주의 시에서 음악은 특정한 예술의 영역도 텍스트도 아니다. 그것은 어떤 불가능한 시간의 이름이며, 불가능한 감수성의 이름이다. 불가능하다는 것은, 그러나 '가능성의 불가능성'을 의미하는 것이 아니라, '불가능성의 가능성'이라는 예술적 퍼포먼스이다. 김경주의 음악이 가리키는 것도 지금 여기서 가능할 수 없는 것을 불러들이는, 불가능한 것을 향한 시적 퍼포먼스라고 할 수 있다.

이름 붙일 수 없는 시간들

　　저렇게 차게 살다가 뜨거운 먼지로 사라지는
　　삶이라는 것이 끝내 부정하고 싶은 것은 무엇이었을까

> 손끝에 닿는 그 짧은 순간에
> 내 적막한 열망보다 순도 높은 저 시간이
> 내 몸에 뿌리내렸던 시간들을 살아버렸기 때문일까
> 온몸의 열을 다 빼앗긴 것처럼 진저리친다
> 내 안의 야경(夜景)을 다 보여줘버린 듯
>
> 수은의 눈빛으로 골목에서 나는 잠시 빛난다
> 나는 내가 살지 못했던 시간 속에서 순교할 것이다
> 달 사이로 진흙 같은 바람이 지나가고
> 천천히 오늘도 하늘에 오르지 못한 공기들이
> 동상을 입은 채 집집마다 흘러들어 가고 있다
> 귀신처럼   ──「드라이 아이스」 부분

앞에서 김경주의 불가능한 음악이 어떤 시간의 이름이라고 말했지만, 김경주의 시가 드러내고자 하는 어떤 감수성이 다다르는 지점은 결국 '외부의 시간'에 관한 것이다. "고향과 나 사이의 시간이 위독함"을 감지한 '나'는 '드라이아이스 한 조각'이 손끝에 와 닿는 짧은 순간 속에서 다른 시간을 만난다. 피부에 타붙는 "결빙의 시간들"은 "내 안의 야경(夜景)을 다 보여줘버린 듯"한 "순도 높은 저 시간"이다. 이 짧은 시간은 1인칭 시적 자아의 동일성이 집약된 순간이 아니라, 오히려 "내가 살지 못했던 시간"을 경험하는 순간이다. 그 순간은 1인칭 시적 자아의 기억의 집적이 만들어낸 시간이 아니며, 그 시간들과는 이질적

인 낯선 차원의 시간을 만나는 순간이다. 그러므로 "나는 내가 살지 못했던 시간 속에서 순교할 것이다"라는 선언은, 김경주의 시적 주체의 위치를 웅변적으로 보여준다. 김경주의 시적 주체는 자신이 살고 있는, 살았던 시간의 반대편을 지향한다. 그런 시적 지향성은 주체의 근거를 무너뜨리는 불온한 모험이 될 수밖에 없고, 그것은 스스로 "귀신처럼" 되는 것을 의미한다. 그런데 역설적인 것은, 그 이상한 순간들은 '외부의 시간'이면서 "내안의 야경"이 암시하는 것처럼, 자기 안에 숨겨져 있던 시간의 다른 차원이다. 그때 그 시간은 '(내부의) 외부의 시간'이 된다.

    이웃이거니 생각하고
    가만히 그냥 누워 있었는데
    조금 후 창문을 두드리던 소리의 주인은
    내가 이름 붙일 수 없는 시간들을 두드리다가
    제 소리를 거두고 사라지는 것이었다

    이곳이 처음이 아닌 듯한 느낌 또한 쓸쓸한 것이어서
    짐을 들이고 정리하면서
    바닥에서 발견한 새까만 손톱 발톱 조각들을
    한참 만지작거리곤 하였다

    언젠가 나도 저런 모습으로 내가 살던 시간 앞에 와서
    꿈처럼 서성거리고 있을지도 모른다는 생각

이 방에 곳곳에 남아 있는 얼룩이

그를 어룽어룽 그리워하는 것인지도

이 방 창문에서 날린

풍선 하나가 아직도 하늘을 날아다니고 있을 겁니다

어떤 방(房)을 떠나기 전, 언젠가 벽에 써놓고 떠난

자욱한 문장 하나 내 눈의 지하에

붉은 열을 내려보내는 밤,

나도 유령처럼 오래전 나를 서성거리고 있을지도

—「누군가 창문을 조용히 두드리다 간 밤」 부분

불 끄고 누워 있는 방의 창문에 누군가 창문을 두드린다. 그 두드림의 주체를 짐작하다가 시의 화자는 "창문을 두드리던 소리의 주인은/내가 이름 붙일 수 없는 시간들을 두드리다가" 간 것이라고 느끼게 된다. 이 시에서 "내가 이름 붙일 수 없는 시간"이란 미지의 시간, 혹은 미래의 시간이 아니다. 그 시간은 "이곳이 처음이 아닌 듯한 느낌"을 갖게 하는 시간이다. 여기서 어떤 과거는 누군가의 기억의 동일성을 보장해주는 근거로서의 과거가 아니다. "바닥에서 발견한 새까만 손톱 발톱 조각"으로 명명될 수 있는 그 과거는 누군가의 '얼룩'일 수도 있고, '내 자신'의 얼룩일 수도 있다. "어떤 방(房)을 떠나기 전, 언젠가 벽에 써놓고 떠난/자욱한 문장 하나"는 누군가의 문장인지 분명하지 않다. 그 문장은 '나'의 것일 수도, '그'의 것일 수도 있으며, '그것'의 것일 수도 있다. 그렇게 그 문장의 주어가 익명적인 존재가 될 때, 김경주의 시적 주체는 거의 '유령'에 가까운 것이 된다. "나도 유령처럼 오래전 나를 서성거리고 있을지도"라는 마지막 문장에 드러내는 것처럼, '나-유령-오래전 나'는 '나'라고 할 수 없는 '나'의 외부의 비동일적인 '나'이다. "오래전 나를 서성거"린다는 문법적으로 모호한 문장도 결국 '나'라는 존재의 익명화를 통해 드러나는 또 다른 시적 주체의 위치를 드러낸다.

앞에서 김경주의 시가 어떻게 서정시적인 문법을 내파하는가를 살펴보았다. 서정시에서 중요한 시간대는 서정적 자아의 충일한 감정이 집약되어 있는 '현재'라고 할 수 있다. 김경주의 시에서 시간은 충일한 현재의 순간을 아로새기고 있는 것이 아니며, 시간의 진행을 품고 있는 서사의 원리를 구현하는 것도 아니다. 김경주의 시적 시간은 시적 주체의 바깥에 있는 시간이며, 시적 주체의 자리는 시간의 바깥으로 설정한다. '나는 이 세상에 없는 계절이다'라는 이 시집의 제목이 압축적으로 보여주는 것처럼, 시적 주체는 세상에 없는 시간에 대해 노래하고, 세상에 없는 시간을 상상하고, 세상에 없는 시간에 머문다. 바로 그러한 시간을 살고 있기 때문에, 그 시간의 주어는 동일적인 1인칭 주어일 수 없으며, 익명적이고 비인칭적인 존재들이 된다. 이를테면 "저녁은 오래된 약통 속의/먼지를 바라보네/약봉지에 적힌 누런 이름과 나이들/내 이름도 있도 당신 이름도 있네"(「봄밤」) 같은 문장에서, 그 시간을 보는 주어는 '저녁' 자체이다. 그런 비인칭적인 존재들이 출몰하면서 김경주의 시는 "없는 내 아이가 가위로 자신을 조금씩 자른다"(「없는 내 아이가 가위로 햇빛을 자르고 있다」)와 같은 비실재의 주어를 탄생시키는 것이다.

> 어둠이 이 골목의 내외(內外)에도 쌓이면
> 어떤 그림자는 저 속을 뒤지며
> 타인의 온기를 이해하려 들 텐데
> 내가 타인의 눈에서 잠시 빌렸던 내부나
> 주머니처럼 자꾸 뒤집어보곤 하였던
> 시간 따위도 모두 내 것이 아니라는 생각
> 감추고 돌아와야 할 옷 몇 벌, 이불 몇 벌,
> 이생을 지나는 동안
> 잠시 내 몸의 열을 입히는 것이다
> 바지 주머니에 두 손을 넣고
> 종일 벽으로 돌아누워 있을 때에도
> 창문이 나를 한 장의 열로 깊게 덮고
> 살이 닿았던 자리마다 실밥들이 뜨고 부풀었다
> 내가 내려놓고 간 미색의 옷가지들,
> 내가 모르는 공간이 나에게
> 빌려주었던 시간으로 들어와
> 다른 생을 윤리하고 있다

저녁의 타자들이 먼 생으로 붐비기 시작한다
　　　　　　　　　　　　　　　　　　——「먼 생」 부분

　헌 옷 수거함에 헌 옷과 이불을 구겨 넣고 돌아오다 뒤돌아보는 순간, 이 시의 화자는 수거함 바깥으로 흘러나온 "언젠가 간장을 쏟았던 팔 한쪽"을 발견한다. 이 팔 한쪽은 이미 '나'의 몸을 떠난 것이지만, 그러나 '내'가 속했던 '내부'와 '시간'에 대한 중요한 암시를 전해준다. "타인의 눈에서 잠시 빌렸던 내부나/주머니처럼 자꾸 뒤집어보곤 하였던/시간 따위도 모두 내 것이 아니라는 생각"은 그 장면을 통해 시적 주체가 직관하게 되는 생의 상황이다. "내가 모르는 공간이 나에게/빌려주었던 시간"이라는 표현이 압축하고 있는 것처럼, '옷'과 '이불'과 '창문'의 이미지들은, '내 생'이라는 것이 낯선 공간에 '내'게 빌려준 시간에 불과하다는 것을 말해준다. 시적 주체가 자기동일성의 근거로서의 '나의 시간'으로부터 거리를 벌리는 이와 같은 상황은 김경주 시의 특징을 잘 보여주고 있다. 특히 이 시에서 매력적인 것은 "다른 생"과 "저녁의 타자"들의 감각을 통해 "먼 생"의 시적 내포에 또 다른 맥락을 부여하고 있다는 것이다. '나'의 1인칭의 시간으로부터 이탈하는 시적 주체가 그 이탈의 맥락 속에서 '다른 생—타자'의 윤리를 만날 때, '먼 생'은 '나'의 '먼 생'이면서, 타자들의 '먼 생'이 된다.
　'나'의 생이 결국 '먼 생'이라는 것을 감각하는 자리로부터 그것이 타자들의 '먼 생'이라는 데로까지 나아가면서, '나를 서성인다'라는 김경주 특유의 문법은 '다른 생을 윤리한다'라는 또 다른 시적 문법과 만난다. 이런 장면에서 김경주라는 사건은 현란한 미적 퍼포먼스가 '다른 생'의 윤리와 결합하는 '비밀'을 선물한다. '나'를 1인칭의 시간으로부터 이탈하여 익명적이고 비인칭적인 시간을 직면하게 하는 것은, 타자의 시간을 경험하는 사건이다. 그의 시 속에서 '나'라고 말할 수 있는 자아의 힘은 사라지며, '나'를 '나'로부터 이탈하는 지점으로 데려갈 때, 그것을 이끄는 것은 '불가능성'의 시 쓰기이다. 2000년대를 점령한 "나는 이 세상에 없는 계절이다"라는 선언은, 그 '불가능한 감수성'이 어떻게 시로서 연기(演技)되는가에 대한 시적 선언이었다. 그 불가능한 감수성은 2000년대 시의 불온하고 매혹적인 얼룩이다.

〔2012〕

|기획의 말|

 1975년 출범하여 오늘까지 이어져온 '문학과지성 시인선'이 독자들의 사랑과 문인들의 아낌 속에 한국 현대시의 폴리스Polis를 이루게 된 사실은 문학과지성사에 내린 지복이기도 하지만 동시에 한국시를 즐겨 읽는 독자들에겐 '상리공생(相利共生)'의 사안이기도 하다. 왜냐하면 한국시의 수준과 다양성을 동시에 측량할 수 있는 박물관의 역할을 이 시인선이 해줄 수 있기 때문이다. 요컨대 여기는 한국시의 '레이나 소피아Reina Sofia'이다. 시의 '뮤제오 프라도Museo Prado'가 보이지 않는 게 아쉽긴 하지만.
 그러나 '문학과지성 시인선'이 현대시의 개성들을 다 모아놓고 있다고 오연히 자부할 수는 없다. 시인선의 편집자들이 한국어의 자기장 내에서 발화하는 시의 빛점들을 포집하기 위하여

고감도 안테나를 드넓게도 촘촘히도 작동시켰다 하더라도, 유한자 인간의 "앨쓴"(정지용, 「바다」) 작업은 빈번히 누락과 착오로 인한 어두운 그늘들을 드리워놓기 십상이기 때문이다. 환상과 우연의 힘들은 완전하고자 하는 의지를 김 빼는 한편, 우리의 울타리 바깥에서도 시의 자치구들이 사방에 산재해 저마다 저의 권역을 넓혀나가고 있다는 사실을 확인케 해 새삼 우리를 겸허한 반성 쪽으로 이끌고 간다.

모든 생명적 장소가 그러하듯이 시의 구역들 역시 활발한 대사 운동 끝에 팽창과 수축을 거듭하면서 크게 자라기도 하고 소멸되기도 한다. 때로는 구역의 진화와 시의 진화가 심히 어긋나는 때가 있으며, 그중 구역은 사용을 멈추었는데 시는 여전히 생생히 살아 있을 경우야말로 애달픈 인간사 그 자체가 아닐 수 없다. 외로 떨어진 시 덩어리는 우주선과 잡석들이 빗발치는 망망한 말의 우주의 유랑자의 위상에 처하게 되고 갈 곳 모른 채 표류하다가 서서히 소실의 검은 구멍 속으로 빨려 들어가거나 완벽한 정적의 외진 구석에 유폐된 채로 그 자리에서 먼지로 화할 수도 있을 것이다.

실로 한국 현대시 100년을 경과하면서 역사의 무덤 속으로 들어가기를 거절하고 삶의 현장에 현존하고자 하는 의지를 내뿜는 시뭉치들이 이곳저곳에서 출몰하는 횟수를 늘려가고 있었으니, 특히 20세기 후반기에 출판되었다가 다양한 사연으로 절판되었거나 출판사가 폐문함으로써 독자에게로 가는 통로를 차단당한 시집들의 사정이 그러하여, 이들이 벌겋게 단 얼굴로 불현

듯 우리 앞을 스쳐 지나갈 때마다 우리는 저 시뭉치의 불행과 저들과 생이별하여 마음의 양식을 잃은 우리의 불운을 한꺼번에 안타까워하는 처지에 몰리게 된다.

그리하여 우리는 '문학과지성 시인선' 내부에 작은 여백을 열고 이 독립 행성들을 우리 항성계 안으로 모시고자 한다. 이는 '시인선'의 현 단계의 허전함을 메꾸기 위함이요, 돌연 지구와의 교신망을 상실한 시뭉치에 제2의 터전을 제공하기 위함이요, 독자의 호시심(好詩心)에 모자람이 없도록 하고자 함이니, 이 삼중의 작업을 한꺼번에 이행함으로써 우리는 한국시에 영원히 마르지 않을 생명샘의 가는 한줄기가 될 수 있기를 소망한다.

이 작업을 통해서 우리는 옛것의 귀환이라는 사건을 때마다 일으킬 터인데, 이 특별한 사건들은 부족을 메꾸는 부정―보충적 행위를 넘어 새로운 시의 미각적 지대, 아니 더 나아가 새로운 정신적 지평을 여는 발견적 행동이 되고야 말리라는 것을 확신하는 바이다. 우리가 특별히 모실 이 시집들의 숨겨진 비밀이 워낙 많다는 뜻을 이 말은 품고 있거니와, 진정 이 시집들은 처음 세상에 모습을 드러내었던 당시 독자를 충격했던 새로움을 보존할 뿐만 아니라 같은 강도의 미지의 새 새로움의 애채를 옛 새로움의 나무 위에 돋아나게 해줄 것이 틀림없다. 그리하여 독자는 시오랑E. M. Cioran이 언젠가 말했듯 "회상과 예감réminiscence et pressentiment이 반대 방향으로 멀어지기는커녕, 하나로 합류하는"(「생-종 페르스Saint-John Perse」, 『예찬 실습*Exercises d'admiration*』 in 『저작집*Œuvres*』, Pleiade/Gallimard, 2011)

희귀한 체험을 생생히 누리리라 짐작하거니와, 이 말의 주인이 그 체험의 발생주체로 예거한 시인을 가리켜 "모든 시간대에서 동시대인으로 존재하는 사람un contemporain intemporel"이라고 말했던 것과 마찬가지로, 이 체험의 신비함이야말로 모든 시간대에서 최고의 신선도로 독자를 흥분케 할 것이다.

그렇긴 하지만 우리는 이 재생의 사건들을 특별히 꾸미는 별도의 총서는 자제하였다. 그보단 우리의 익숙한 도시인 '문학과지성 시인선' 안에 포함시키고자 하는데, 우리의 '시인선' 자체가 늘 그런 신비한 체험을 독자들에게 제공해주기를 기대하기 때문이다. 다만 아주 시치미를 떼어서 독자를 정보의 결핍 속에 방치하는 우를 범할 수는 없는 연유로, 처음부터 시작하는 번호에 기호 R을 멜빵처럼 감춰서, 돌아온 시집임을 표지하고자 한다. R은 직접적으로는 복간reissue의 뜻을 가리키겠지만 방금의 진술에 기대면 이 귀환은 곧 신생과 다름이 없어서, 반복 répétition이 곧 부활résurrection이라는 뜻을 함축할 뿐 아니라 더 과감히 반복만이 부활을 가능케 한다는 주장까지 포함할 수 있을 것인데, 그 주장이 우리 일상의 천편일률적이고 지루하고 데데한 반복을 돌연 최초의 생의 거듭남으로 변신시키는 마법의 수행을 독자들에게 부추길 것을 어림한다면, 그것은 아무리 되풀이 강조되어도 지나치지 않을 것이다. 더욱이 어느 현대 시인은 "R이 없어서, 죽음은 말 속에서 숨 막혀 죽는다 *Privé d'R, la mort meurt d'asphyxie dans le moi*"(에드몽 자베스Edmond Jabès, 『엘, 혹은 최후의 책*El, ou le dernière livre*』,

1973)는 촌철로 언어의 생살을 도려내었으니, R을 통해서만 언어는 존재의 장식이기를 그치고 죽음조차 삶의 운동으로 되살리는 것이다.

그러니 '문학과지성 시인선'의 새로운 R의 행렬 속에서 우리가 독자들에게 바라는 것은 이 한 글자의 연장이 무엇이든 그 안에 숨어 있는 한결같은 동작은 저 시인이 암시하듯 숨통 터주는 일임을 상기해달라는 것이다. 이 혀를 안으로 마는 짧은 호흡은 곧이어 제 글자의 줄이 초롱처럼 매달고 있는 시집으로 이 목을 돌리게 해, 낱낱의 꽃잎처럼 하늘거리는 쪽들을 흔들어 즐겁고도 신기한 언어의 화성이 울리는 광경을 마침내 목격하고 청취하는 데까지 당신을 이끌고 갈 수 있을 터이니, 그때쯤이면 이 되살아난 시집의 고유한 개성적 울림이 시집에 본래 내재된 에너지의 분출이면서 동시에 그것을 그렇게 수용하고자 한 독자 자신의 역동적 상상력의 작동임을 제 몸의 체험으로 느끼게 되리라.

㈜**문학과지성사**